誰でもできる

算数あそび 60

SANSU ASOBI 60

算数あそび研究会

東洋館
出版社

 はじめに

　本書は、「子どもたちと気軽に楽しみながら算数を学べる」「算数のおもしろさをもっとみんなで共有する」をコンセプトにつくられています。

　紹介しているあそびは、子どもたちと一緒に盛り上がれるものばかり。ホームルームや休み時間、オリエンテーションはもちろん、授業で使えるものもあります。

　しかも、ただ楽しめるだけではありません。計算の習熟や数感覚・図形感覚を養うこともできます。

　例えば、本書に掲載されている低学年の「ごままんじゅう」や「たし算カルタ」では、遊びながら10の補数に着目させ、繰り上がりのあるたし算につなげることができますし、高学年の「選んだ数字が出現！」や「3本飲むと1本サービス」では、論理的に考える力を育てることができます。

　ゲームあり、パズルあり、クイズあり…と盛りだくさんの算数あそび。本書が、たくさんの子どもの笑顔、そしてたくさんの「算数好き」を増やす一助になれば、幸いです。

算数あそび研究会

誰でもできる算数あそび60　目次

◎ 低学年

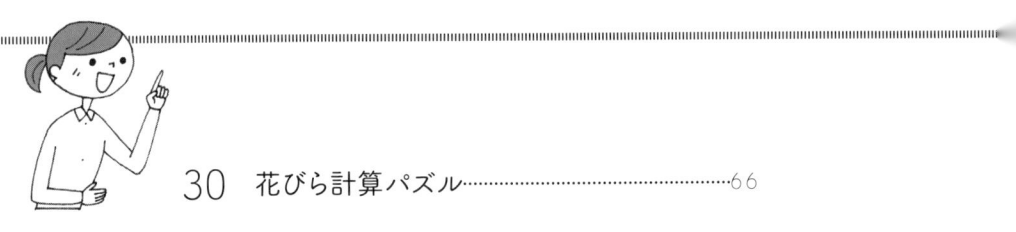

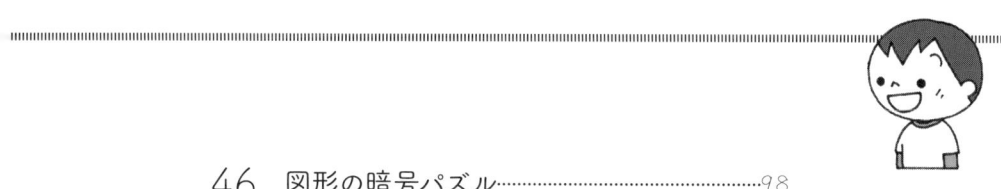

本書の見方

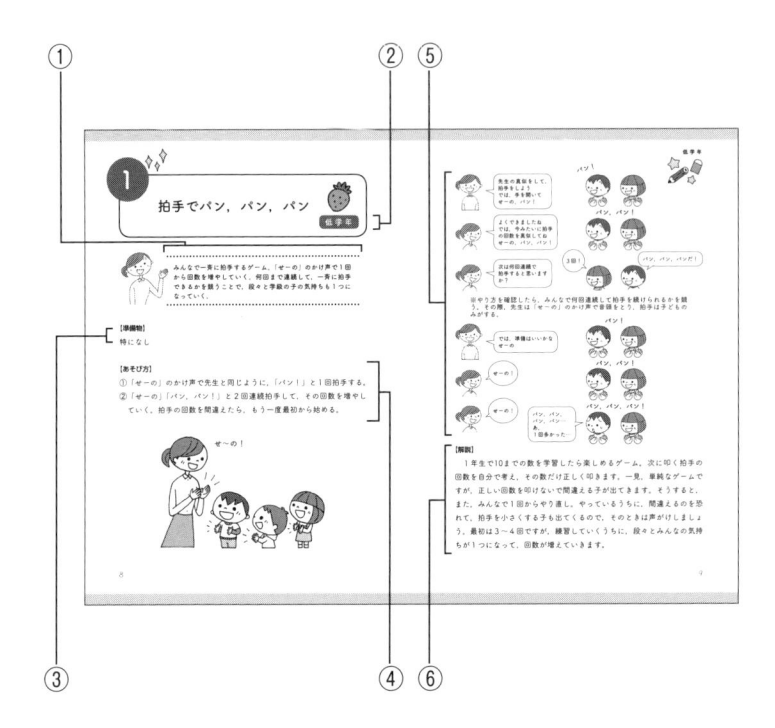

①あそびの内容とその特徴、育てたい力などを簡潔に紹介しています。

②あそびに適した学年を低・中・高学年で分けています。
　※ただし、内容によっては学年を問わず楽しめるものもあります。

③ 先生が用意しておくものなどを記載しています。

④ あそびの手順を記載しています。

⑤ 実際のあそびの様子を、イラストでわかりやすく紹介しています。

⑥ あそびの必勝法や問題の答え、算数的なポイントなどを解説しています。

誰でもできる
算数あそび60

1 拍手でパン，パン，パン

みんなで一斉に拍手するゲーム。「せーの」のかけ声で1回から回数を増やしていく。何回まで連続して，一斉に拍手できるかを競うことで，段々と学級の子の気持ちも1つになっていく。

【準備物】

特になし

【あそび方】

① 「せーの」のかけ声で先生と同じように，「パン！」と1回拍手する。

② 「せーの」「パン，パン！」と2回連続拍手して，その回数を増やしていく。拍手の回数を間違えたら，もう一度最初から始める。

せ〜の！

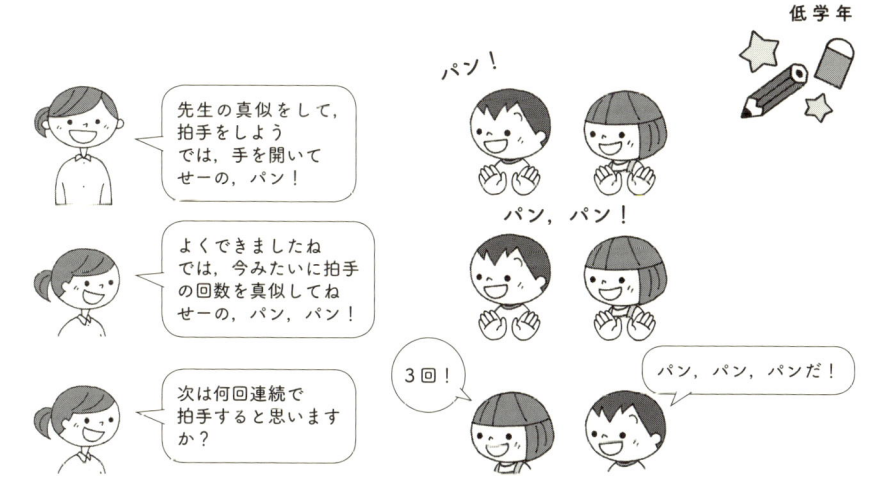

※やり方を確認したら，みんなで何回連続して拍手を続けられるかを競う。その際，先生は「せーの」のかけ声で音頭をとり，拍手は子どものみがする。

【解説】

　1年生で10までの数を学習したら楽しめるゲーム。次に叩く拍手の回数を自分で考え，その数だけ正しく叩きます。一見，単純なゲームですが，正しい回数を叩けないで間違える子が出てきます。そうすると，また，みんなで1回からやり直し。やっているうちに，間違えるのを恐れて，拍手を小さくする子も出てくるので，そのときは声がけしましょう。最初は3〜4回ですが，練習していくうちに，段々とみんなの気持ちが1つになって，回数が増えていきます。

2 ごままんじゅう

低学年

みんなで「ごままんじゅう！」のかけ声を唱えながら，10の補数を考えるあそび。徐々にスピードを上げながら唱えることで，ドキドキ感を味わいながら，10の補数の学習ができる。

【準備物】

特になし

【あそび方】

下のようなかけ声をみんなで唱えながら，教師が言った数と合わせて10になる数を考える。

皆でかけ声を唱えながらスタート！

ご～ままんじゅう！
ごままんじゅう！

※リズムをとりながら，身振り手振りを加えて唱えるとより盛り上がる。

8と？

2で！

※先生は8を，子どもは2を指で示す。

ごままんじゅう！

※先生も子どもも両手を広げて10を示す。

【解説】

　上の活動を繰り返します。徐々にスピードを上げていくと，考える時間が短くなるので，ドキドキ感が増し，さらに盛り上がります。

3 たし算カルタ

低学年

たし算を使ったカルタ。先生が答えを読み上げ，その答えになる式が書かれたカードを探す。和が10までのたし算の習熟を図ることができる。

【準備物】
和が10までのたし算カード（4人につき，1セット）
掲示用数字カード（0〜10まで）

【あそび方】
①4人1組になる。
②和が10までのたし算カード（1セット）を，たし算の式が書いてある方を上にして，机の上にバラバラに並べる。
③先生が数字カードなどを用いて，1枚カードを選び，その答えになるたし算カードをカルタの要領で探していく。

あった！
1＋1！

【解説】

　たし算の習熟を図るために，はじめは裏側に書いてある答えを確認しながら行います。慣れてきたら，間違えると１回休みなどのルールを加えてもいいでしょう。ひき算を学習した後は，ひき算カードを用いて同様のあそびができます。

4 名前でいくつといくつ

低学年

子どもの名前を使った「いくつといくつ」。自己紹介を兼ねながら行うと，子どもたちも興味をもちながら取り組むことができる。

【準備物】

特になし

【あそび方】

①先生が自己紹介しながら，氏名を板書する。

②子どもたちにも自己紹介をしてもらう。

③子どもの氏名の字数で分けながら，先生が板書する。

④どんな分け方をしているかを問うことで，「いくつといくつ」の学習になる。

かこきしお	まつせひとし	すぎむらはづき
いとうしょう	はたなかじゅん	やまもとひろき
		まつざわれいか
		おかべひろゆき
		とくがわりゅうのすけ

字数で分類しながら板書する。

【解説】

　1年生の最初は，お互いの名前がまだまだ一致していない時期なので，自己紹介を兼ねながら行うといいでしょう。その際に，文字数ではなく，音の数で黒板に色分けしながら分類していくとよりわかりやすいです。

5 和ジャンケン

みんなが知っているジャンケンを利用して，計算の練習を行うゲーム。いろいろなアレンジが考えられるので，学級でオリジナルのルールを決めて楽しむのもいい。

【準備物】

特になし

【あそび方】

　普通のジャンケンと同じように，グー，チョキ，パーを出してゲームを行う。ただし，出して終わりではなく，みんなが出した指の数（グーなら0，チョキなら2，パーなら5）をたした答えを先に口に出したほうが勝ちとなる。指の数の和を求めるジャンケンなので，"和ジャンケン"である。

今日は，和ジャンケンをやってみましょう
お互いに出した指の数をたした答えを先に
言った人が勝ちとなります
グーだったら0
チョキだったら2
パーだったら5です
まずは2人でやってみましょう！

な…
負けた！

和ジャンケン，ぽいっ！

7！

では，今度は3人で
やってみましょう

和ジャンケン，ぽいっ！

…

きゅ…

9！
2人がチョキで僕がパーだから
2＋2＋5＝9で9だ

だいぶ慣れてきたようですね
では，今度はグー，チョキ，パーの
他に指を1本だけのときや
指を3本，4本の形もありとして
やってみましょう

【解説】

　1年生では，指の数をたすというだけでも盛り上がります。休み時間
のあそびとして行うなど様々な場面で取り入れることで，計算の力を育
てていくことができます。慣れてくると，3人，4人…と人数を増やし
てもいいでしょう。また，中学年以降では，グーを2，チョキを4，パー
を7とするなど，数字を変えていってもおもしろいです。

6 拍手でドボン！

教室の座席の位置を表すゲーム。下のように自分の座席の位置を（1，1）とか（2，3）と2つの数の組で表す。それを「パン，パン，（○，○）のリズムでリレーしていく。

【準備物】
特になし

【あそび方】
①教室の座席の位置を数で表す。先生が「廊下側の前から6人立ってごらん」と声をかけながら，位置となる数字を決める。例えば，下図のアを（1，5）とする場合，イは（3，1）となる。

②自分たちの位置を理解したら，先生が拍手でリズムをとりながら，位置となる数字を言う。

③その位置の子が同じように続けていく。リズムに乗れずに詰まったり，間違えたりすると，みんなに勢いよく「ドボン！」と言われて負けとなる。

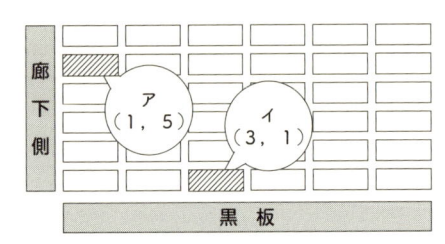

先生がルールを説明する。

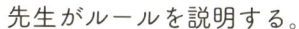

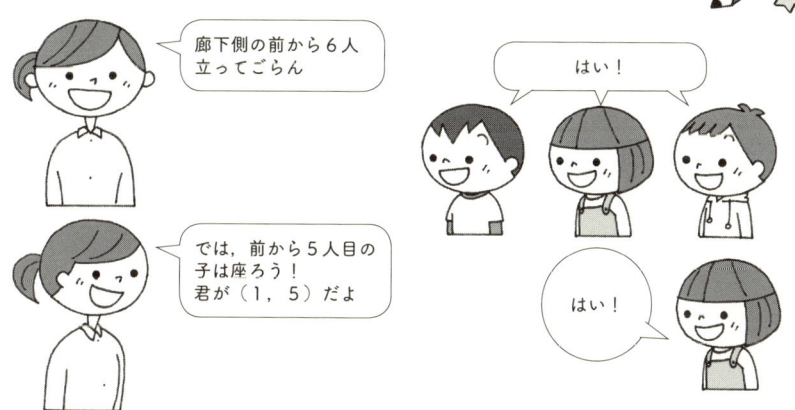

全員が自分の位置の数字を理解したところでゲーム開始。

【解説】

　平面上にあるものの位置の表し方をゲームを通して，楽しく学べると同時に，集中力や反射力を養えます。負けて次のゲームを再開するときは，負けた子から「パン，パン」のリズムで始めると楽しいです。

7 シルエットゲーム

教室にある物を紙の上に置き，シルエットがわかるように鉛筆で縁取りをする。かいたシルエットだけを見せて，それが何かを当てるゲーム。

【準備物】

シルエットを写した紙（人数分）

【あそび方】

①事前に準備しておいたシルエットを提示し，それがどんなもののシルエットなのかを当てる。

②子ども全員にシルエットを写した紙を配り，教室内で探させる（シルエットは教室内にあるもの）。シルエットを写すときは，もののどの面をかいてもいい。

　※なるべく意外性のあるもののシルエットを写しておくとおもしろい。
　※シルエットという言葉の意味が理解できない子どももいるので，実際に写すところを見せるとよい。

実際にゲームをしながら，ルールを理解する。

> さて，これは何の
> シルエットでしょうか？

> 四角いから
> 筆箱のふたの部分かな

> 実は，セロハンテープ
> の底の部分なんです

教室の中からシルエットを写したものを探す。

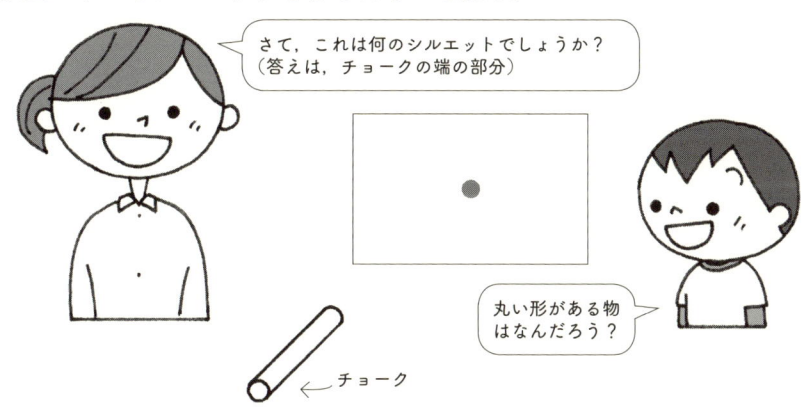

> さて，これは何のシルエットでしょうか？
> （答えは，チョークの端の部分）

> 丸い形がある物
> はなんだろう？

← チョーク

【解説】

　教師から提示したシルエットクイズを一度解いた後は，子どもたちに
クイズをつくらせるといいでしょう。そして，お互いにクイズを出し合っ
たり，クラス全員で考えたりすると，かかわり合いも深まります。

8 10の神経衰弱

低学年

10までの数字カードを使って行う神経衰弱。楽しく学びながら計算の習熟を図ることができる。

【準備物】

0〜10の数字カード（1人につき，1セット）

【あそび方】

①2人1組になる。

②0〜10の数字カード2セット（22枚）をよく混ぜた後，机の上に裏返しにして置く。

③神経衰弱の要領で合わせて10になるように取っていく。

④最後に多くの枚数を持っていた方が勝ち。

【解説】

　子どもたちが慣れてきたら，３枚で合わせて10になるようにルールを変えてもいいでしょう。また，11や12になるように取ると繰り上がりの計算の練習を行うことができます。

9 静かに数ならべ

自分のもっている数カードが何かを友達のカードを見ながら考え，全員が順番通りに並べたら成功。ただし，話をしてはいけない。みんなで協力するのがカギ。

【準備物】

クラスの人数分の数カード

※30名ならば，1〜30の数カードを1枚ずつ用意する

【あそび方】

①人数分の数カードをよくきって，1人1枚ずつ配る。

②配られたカードを見ずに手で持ち，まわりの友達には見えるように額に当てさせる。

③全員で協力して1の数カードをもった人から順番に並ぶ。ただし「一言も話をせずに並ぶ」というのがポイント。

友達の数を知る。

○○さんは15で△△君は16だから隣同士になるな

※言葉を発さず，手を引いてあげたり，ジェスチャーをしたりして誰が誰の隣かを伝える。

○○さんは15で△△君は16だから○○さんは△△君の前だよ

ありがとう！

友達から自分の場所を教えてもらう。

□□君は6だから●●君の前だよ

わかった！

一列に並んだら，数カードを額から下げて全員で確認する。

25

10 ならべ

20までの数の並び方を，7ならべの要領でゲームを通して習熟させることができる。

【準備物】

1～20の数字カード（2人につき，1セット）

【あそび方】

①4人1組になる。

②1～20の数字カード2セット（40枚）をよく混ぜた後，均等に配る。

③手持ちのカードに10を持っている子が場に出し，その後7ならべの要領で，隣り合う数字のカードを順番に出していく。

1	2	3	4	5	6	7	8	9	10	11	12	13	14	15	16	17	18	19	20

1	2	3	4	5	6	7	8	9	10	11	12	13	14	15	16	17	18	19	20

10ならべをやってみよう！

まず，10を出す。

隣り合うカードだけを出せるルールにして，順番に出していく。
はじめにカードを出す人は，ジャンケンで決める。

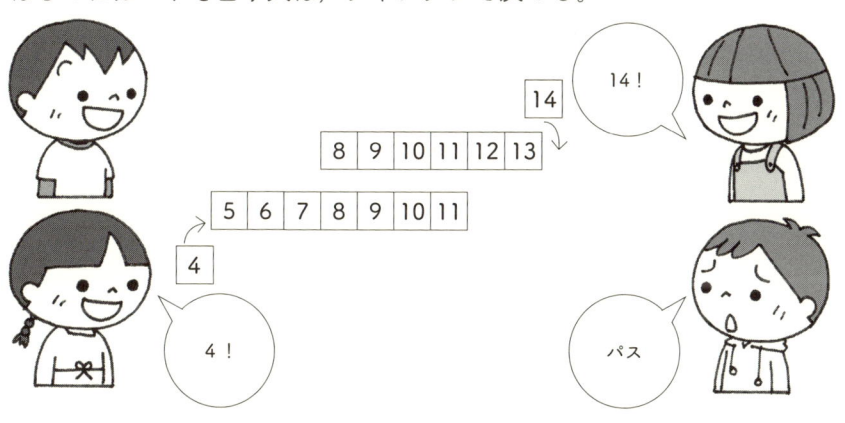

※カードを出せない場合は，「パス」を宣言する。

【解説】

　はじめは，数の並びの確認のために「隣り合うカードのみ出せる」という簡単なルールで始めるといいでしょう。慣れてきたら，「20までいったら，1から出せる」や「パスは，1人3回まで」といった，7ならべのルールを加えていくとより盛り上がります。

みんなで10をつくろう！

自分の持っているカードに書かれた数と，友達の持っているカードに書かれた数を合わせて10をつくるゲーム。皆でワイワイ楽しみながら，数の感覚に親しませることができる。

【準備物】

子ども人数分の数カード（1〜9のカード）

【あそび方】

① 1〜9までの数が書かれた数カードを，適当に子どもに1枚ずつ配る。

②「10をつくろう！」という一言を伝えて，自分の持っているカードの数と合わせて10になる数のカードを持っている友達を探すように促す。

③10になる相手を探せたら座らせる。

自分の持っているカードに書かれた数と，友達の持っているカードに書かれた数を合わせて10をつくる。

【解説】

　2人で10をつくるだけでも十分ですが，3人や4人で10をつくることを認めると，多い人数で10をつくろうと，声のかけ合いが活発になります。なるべく1人になる子どもが出ないように心がけたいところです。ただし，全員が余りなくグループになることは難しいので，「10をつくれたら，また他の友達と協力して10をつくる」というルールにしておき，流動的な活動にしておくといいかもしれません。

12 たすといくつかな？

低学年

子どもと先生が交互に好きな2桁の数を言っていく。先生はそれらの数をたした答えがすぐにわかる。子どもは先生が「なぜ，すぐにわかるのか」不思議に思うだろう。

【準備物】

特になし

233!

【あそび方】

①子どもに好きな2桁の数を言ってもらう（例：35）。

②今度は別の子どもに，好きな2桁の数を言ってもらう（例：13）。

③先生が2桁の数を言う。このとき，②との合計が99になる数を言う（例：86）。

④②と③をもう一度，繰り返す（例：41，58）。

⑤先生が答えを紙にメモする。答えは，$35+(13+86)+(41+58)=35+99+99=35+(100-1)+(100-1)$ となる。つまり，200に①の数をたして2をひいた数をメモするので，早く和が出すことができる。

⑥子どもに「合計はいくつかな？」と計算させる。子どもが答えを言ったら，先ほどのメモを見せる。クラス中が「どうしてそんなに早くわかったのか？」と不思議に思うはず。

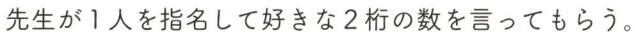

先生が1人を指名して好きな2桁の数を言ってもらう。

好きな2桁の数を言ってごらん

35！

では，もう一人

13！

じゃあ，今度は先生の番だ　86！

次に，また誰か言ってごらん

41！

最後にもう一度先生が言うね　58！

※ここですかさず1枚の紙に答えをメモする。

では，問題。いま出された5つの数をすべてたすと答えはいくつになるでしょうか

えっと…
35＋13＋86＋41＋58
だから…233！

正解！
では，さっき先生が書いたメモを見せようじゃん！

233！

どうして，すぐにわかったんだろう？

【解説】

　マジックに協力してくれた子どもはそれぞれ好きな数字を選んでいるので，答えは決まっていません。子どもは，「どうして先生はあんなに早く5つの数の和を出せるのか」と不思議がるでしょう。ポイントは，先生は後攻で，2人目の数に合わせること。子どもたちには，計算の工夫やきまりを活用して，計算の順番を変えることで，計算が早くなることのおもしろさを感じてほしいところです。

13 いろいろな計算

低学年

1〜9の数カードから，適当に5枚引き，出た数の合計を考える。出た数を順にたしていけば合計は出るが，かけ算を使うなど，様々な計算方法で楽しみたい。

【準備物】

1〜9の数カード

【あそび方】

①1〜9の数カードから子どもに5枚引かせる（下の5枚は一例）。

②引いたカードを黒板に貼り，出た数の合計を求める。

　最初は，順にたして答えを出す子どもが多いだろうが，かけ算も使って考えることができないかを問う。すると，様々な解き方が出され，数に対する感覚が豊かになっていく。

様々な解き方を考える。

引いてもらった数は，4，7，6，8，2です
さて，この数を全部あわせるといくつになるかな？

| 4 | 7 | 6 | 8 | 2 |

左から順番にたして
4 + 7 + 6 + 8 + 2 ＝ 27 です

ぼくは，かけ算も使ってみたよ
6 + 2 ＝ 8 をすると，8 が 2 つになるから
8 × 2 ＝ 16
それと，残った数をたせば
16 + 4 + 7 ＝ 27 になるよ！

なるほど
かけ算も使うことができるんだね

だったら，こんなやり方もある！
27 は，9 × 3 の答えだから，9 を 3 つつくればいい
まず，7 + 2 ＝ 9
次に，4 を 1 と 3 に分けて
1 + 8 ＝ 9，3 + 6 ＝ 9 をします
そうすると，9 が 3 つできたから
9 × 3 ＝ 27 で答えを出すことができるわ

14 九九ビンゴ

低学年

空欄になっている9マスのカードに，自分の好きな数を書いてビンゴをする。ただし，ビンゴで選ぶ数は，九九の答え。ビンゴしやすい答えを考えさせると授業でも盛り上がる。

【準備物】

9マスのカード，九九カード

【あそび方】

①9マスのカードに九九の答えを書く。

②九九カードを入れた袋から，適当に1枚選ぶ。

③選んだ九九の答えが自分のカードにあったら〇をつける。

④縦，横，斜め，いずれかで3つ〇が続いたら「ビンゴ」となる。

> ※先にルールを説明してからカードを配り，数を書かせるようにする。ルールを知っていることが，よりビンゴになりやすいカードを考えるもとになるからである。

81	72	25
49	24	12
16	5	36

ビンゴカードをつくって遊ぶ。

続いては，「9×9」です！

「九九八十一」だから81に〇を付けると
やっとビンゴになった！
でも，もっと早くビンゴにできないかな？

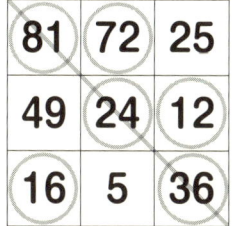

81	72	25
49	24	12
16	5	36

ビンゴになりやすいカードのつくり方を考える。

選んだ九九カードを見てみると
何回も出てくる答えがあるよ

本当だ！
8，12，24は4回も出てくる！

8，12，24よりは出てくる回数が少ないけど
4や16や36も3回出てくるよ

なるべく何回も出てくる数を入れていけば
早くビンゴになるんじゃない？

15 九九十字

十字のマスをつくり，空欄に入る数を考える。ゲーム感覚で楽しみながら九九の練習を行うことができる。わり算の事前指導にも適している。

【準備物】

十字のマスを印刷した紙を必要枚数

【あそび方】

　縦に見ても，横に見てもかけ算になっているというルールを押さえたら，様々な問題に取り組ませる。慣れてきたら，子どもに問題をつくらせ，お互い解き合うと楽しい。

問題を出す。まずは，かける数がわからない問題を解く。

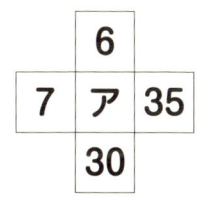

6×ア＝30
7×ア＝35
ということは
アに入る数は5だ

かけられる数がわからない問題を解く。

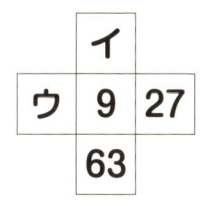

イ×9＝63だから
イには7が入る
ウ×9＝27だから
ウには3が入る

問題をつくる。

ぼくは，3つわからないとこ
ろがある問題をつくったよ

答えが64になる九九は8×8しかないから，
エとカには8が入るでしょ
それで，オ×8＝40だから，オには5が入る

【解説】

　九九の適用範囲内で行うかどうかは，子どもの実態や学年に応じて変えるといいでしょう。九九の適用範囲をこえると，より多様な問題ができるとともに，様々な答えも出てきます。

16 九九カードならべ

低学年

九九の式を書いたカードをつくり，答えが同じ式が隣り合うように並べる。グループ対抗で行うと活気が出て，楽しく九九を習熟できる。

【準備物】

正方形のカードに対角線を入れたものを1人6枚程度

【あそび方】

① カードの空いた部分4カ所に自分の好きな九九の式を書く。

② 4～5人でグループになり，1人1枚ずつカードを出す。

　（カードを出すときのルール）

・同じ答えになっている式が隣り合うようにカードを並べる。

・カードを並べるときは，つなげるカードの上下左右どこに並べてもよい。

・グループの友達と協力して全員のカードがなくなったら終わり。

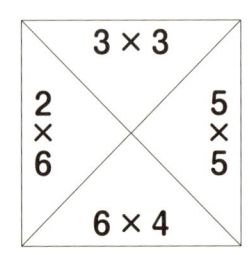

実際に皆でやりながら，ルールを理解する。

じゃあ，ぼくから置くね

```
    7 × 7
  4       2
  ×       ×
  8       5
    3 × 8
```

ぼくは下に置くよ

```
    7 × 7       3 × 3
  4       2   5       5
  ×       ×   ×       ×
  8       5   2       6
    3 × 8       6 × 4
    4 × 6
  9       9
  ×       ×
  3       2
    2 × 4
```

じゃあ，私は右側に！

※グループ全員が出すまで続ける。

完成したわ！

```
    7 × 7       3 × 3       9 × 4
  4       2   5       5   6       3
  ×       ×   ×       ×   ×       ×
  8       5   2       6   8       9
    3 × 8       6 × 4       4 × 4
    4 × 6       8 × 3       8 × 2
  9       9   2       3   6       5
  ×       ×   ×       ×   ×       ×
  3       2   9       4   2       7
    2 × 4       5 × 8       1 × 6
```

同じ答えになる九九がたくさんあるね！

12や24に答えがなる式はたくさんあるからそういう答えになる式を書くとつなげやすくなりそうね

どこのグループが一番早く終わるか競争しても楽しい。

17 数表パズル

数表をバラバラにしてピースをつくり，パズルとして楽しむ。あそび感覚で十進位取り記数法の規則を学習できる。活動の前に，数表のきまりを見つけておくと，きまりを使って考える姿を見ることができる。

【準備物】

10×10の数表の台紙，数表を切ったピース

　※0と1のどちらから始まる数表かは指導内容に合わせる。

【あそび方】

　1〜100の数表をバラバラにしたピースを袋に入れ，その袋から選んだピースを台紙に置いていく。2人で遊ぶといい。すべてのピースが置けたらゲーム終了。

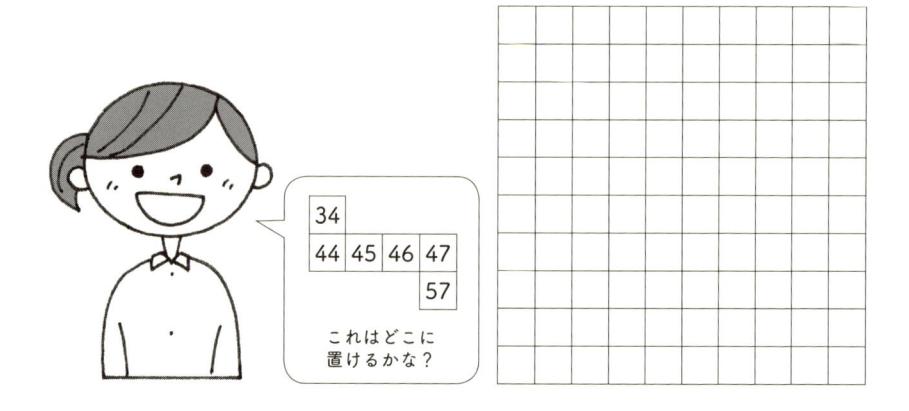

これはどこに置けるかな？

ピースを引く。

こんなピースを引いたよ！

65	66	
	76	77

65とか76とかあるから，
下の方に置けそうだね

理由を言いながらピースを置く。

このピースは，ここ（斜線部）に置けるよ
右にいくと１ずつ，下にいくと10ずつ増えるよ
だから63から右に２つ目の①は，63から２増えるから65
57から下に２つ目の④は，57から20増えるから，77
②③だって，36から下に見ていけば，それぞれ66，76ってわかるでしょ

			36	37	38		
		45		47			
	54	55		57			
63	①	②					
73		③	④				
83							

【解説】

　いくつか切るパターンを変えたピースを用意しておきましょう。慣れてきたら，ピースに書いた数字をいくつか抜いても構いません。書かれている数字だけを頼りにパズルを考えると，さらにおもしろくなります。

41

18 九九表パズル

九九表をバラバラにしてピースをつくり，パズルとして楽しむ。数表パズルと同じく，活動前に九九表のきまりを見つけておくと，きまりを使って考えることもできる。

【準備物】

九九表の台紙，九九表を切ったピース

※ピースにはすべての数字を入れないでおく

【あそび方】

　九九表をバラバラにしたピースを袋に入れ，その袋から選んだピースを台紙に置いていく。２人で遊ぶといい。

これはどこに置けるかな？

×	1	2	3	4	5	6	7	8	9
1									
2									
3									
4									
5									
6									
7									
8									
9									

ピースを引く。

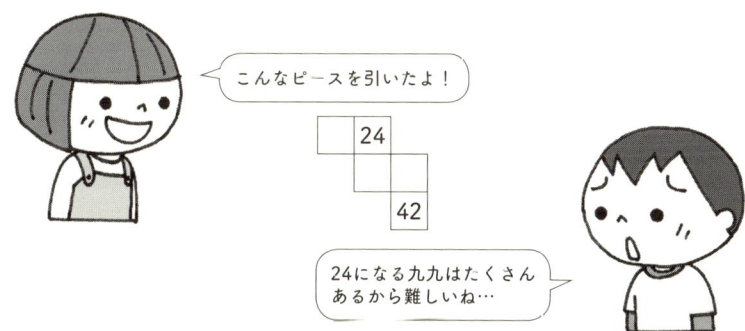

理由を言いながらピースを置く。

このピースは，ここ（斜線部）に置けるよ
24になる九九はたくさんあるけどこのピースの24は
4×6の答えだと思うよ
24になる九九は①3×8，②4×6
③6×4，④8×3，の4つあるけど
①③④のときは，それぞれ42のところが
45，40，40になっちゃうでしょ

×	1	2	3	4	5	6	7	8	9
1									
2		4			10				
3	3					18			
4	4								
5									
6	6		18						
7		14							
8									
9									

【解説】

　すべてのピースが置けたらゲーム終了。九九表には同じ答えがたくさんあるので，それを利用して子どもが迷うようなピースをつくるといいでしょう。ピースにはすべての数字を入れない方がおもしろいです。

19 指で九九を計算しよう

かける数とかけられる数が，ともに5以上の九九の答えを指で表現する。九九のちょっとした豆知識を知ることで，友達や保護者に教えてあげたくなる。

【準備物】

特になし

【あそび方】

①両手の指を広げる。

②左手の親指からかける数を順番に折り，6からは折り返し指を立てていく。

③右手で同様にかけられる数を表す。

④（立っている指の本数）×10＋（左手の折れている指）×（右手の折れている指）が九九の答えになる。

例えば，9×7ならば，かけられる数である「9」を左手で表し，かける数である「7」を右手で表す。立っている指は全部で6本（4＋2）なので，60。折れている指は左手が1本，右手が3本なので，1×3で3。合わせて60＋3＝63が9×7の答えになる。

[9×7]

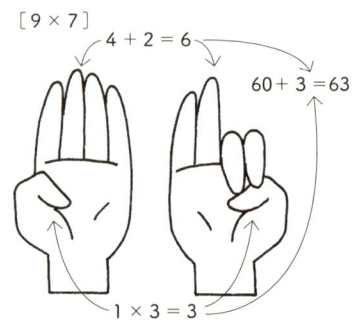

4＋2＝6

60＋3＝63

1×3＝3

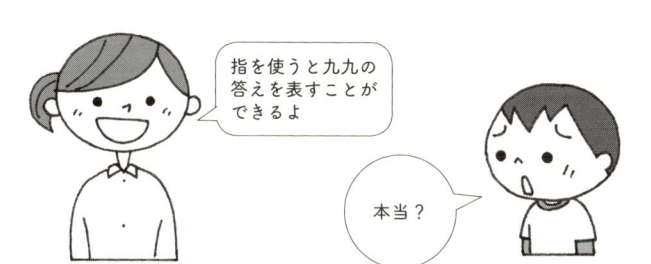

①かけられる数とかける数を指で表す。

（例）8 × 6

※それぞれ，親指から順番に折っていく

右手：かけられる数（8）　左手：かける数（6）

②（立っている指の合計）×10をする。

（3 + 1）×10 = 4 × 10 = 40

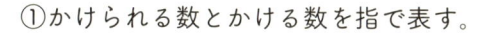

③（左手の折れている指）×（右手の折れている指）

　をする。

2 × 4 = 8

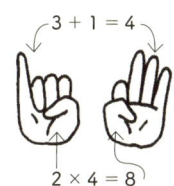

④②の答えと③の答えを合わせると，九九の答えになる。

40 + 8 = 48

【解説】

　なぜ，できるのかを考えさせるのは非常に難しいことなので，どんな数ならばできるかを考えさせることによって，かける数とかけられる数が，ともに5以上であればできることを発見させていくといいでしょう。

20 マスピード

カードゲームをしながら＋－×÷の計算の習熟をすることができる。瞬時に計算しないと勝てないので，子どもの中に「計算練習しよう」という意欲が自然とわいてくる。

【準備物】

トランプ

【あそび方】

①52枚のトランプを2人で同数に分ける（1人26枚）。

②互いに向き合い，トランプを表にして5枚並べる。

③カードの山から，1枚ずつトランプを出す。

④「マスピード」のかけ声とともに，手札の数で＋－×÷を使って，場札の数をつくる。できたら，使ったトランプを重ねて場札の上に乗せる。2枚以上であれば，何枚使ってもよい。また，どちらの場札の上に置いてもよい。お互いに場札の数がつくれなければ，新たにトランプを1枚ずつ出す。

⑤場札の上に重ねた枚数を，トランプの山から取り，手札に並べる。

⑥④⑤を繰り返し，先にトランプがなくなった方が勝ち。順番を決めず，早く考えた方が出せるようにすることでスピードが速くなり，おもしろくなる。

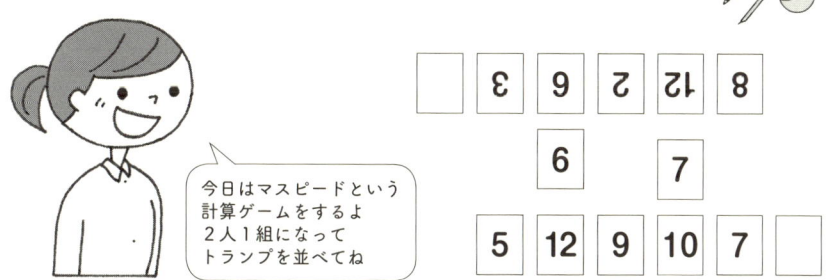

今日はマスピードという
計算ゲームをするよ
2人1組になって
トランプを並べてね

トランプを並べて，ルールを説明する。わかりづらいようであれば，実演しながら説明するといい。

では，準備はいいかな
いくよ
マスピード！

7 は，12-5 だ
（5 が一番上になる）

9 は，6 × 3 ÷ 2 で解けるわ
（2 が一番上になる）

全部なくなった
勝ったぞ！

負けたわ
悔しい！
もう一回！

21 誕生日当て

誕生日にある数をかけたりたしたりすると当てることができる。そのマジックのタネをみんなで考えて楽しむ。

【準備物】

特になし

【あそび方】

①生まれた月に4をかける。

②①の答えに9をたす。

③②の答えに25をかける。

④最後に，生まれた日にちをたす。

あなたの誕生日は
7月10日ですね，

え？
どうしてわかった
んですか

【解説】

　誕生日をA月B日とすると，（A×4＋9）×25＋Bの計算をすることになります。この式を展開すると，A×100＋225＋Bとなるため，出た答えから225をひくことで，誕生日がわかります。

22 魔方陣

9マスの表に数字を入れて縦，横，斜めの和が同じになるようにする。ポイントは，先に合計を考えること。

【準備物】

魔方陣

【あそび方】

①3つのマスに7，9，4が書かれた9マスの表（魔方陣）を子どもに配る。

②残りのマスに1～9の数字を入れて，魔方陣を完成させる。ただし，同じ数は使わない。

ア	7	イ
9	ウ	エ
4	オ	カ

縦，横，斜め，どの3マスの数字をたしても同じになる不思議な正方形（魔方陣）があります
さて，残りのマスにはどんな数字が入るかな？

ア	7	イ
9	ウ	エ
4	オ	カ

1列の合計がいくつになるか調べてみよう
マスの中に入る数字の合計は
1＋2＋3＋…＋7＋8＋9＝45

どの縦（横）の3マスもたしたら
合計が同じだから
1列の合計は15かな？

正解！
不思議だね

実際に解く。

わかった！
ア＋9＋4＝15
だから，ア＝2！

だったら，イがわかる！
2＋7＋イ＝15だから，
イ＝6

2	7	6
9	5	1
4	3	8

斜めも15だから，
ウ＋4＋6＝15
ウ＝5だ！
これで全部，
解けるわ！

【解説】

　1列の合計が15になることがわかると，3口のたし算を使って解くことができます。実際にすべて数字を埋めると，縦，横，斜めのどの列も和が15になっていて美しいです。また，はじめの数字を7，8，9にすると難易度が上がります。4×4の魔方陣をつくってもいいでしょう。

23 たし算十字

縦横5マスの十字をつくり，9つの空欄に1～9の数を入れる。縦横に入れた数の合計が同じになるように並べると，あるきまりが出てくる。

【準備物】

縦横5マスの十字のマス
1～9の数カード

【あそび方】

　縦横の合計が同じになるように，十字のマスの中に1～9の数を入れる。下図の場合は，縦にたしても横にたしても25になっている。1～9の数カードを操作しながらだと考えやすい。

ルールを確認し，数カードを並べて考える。

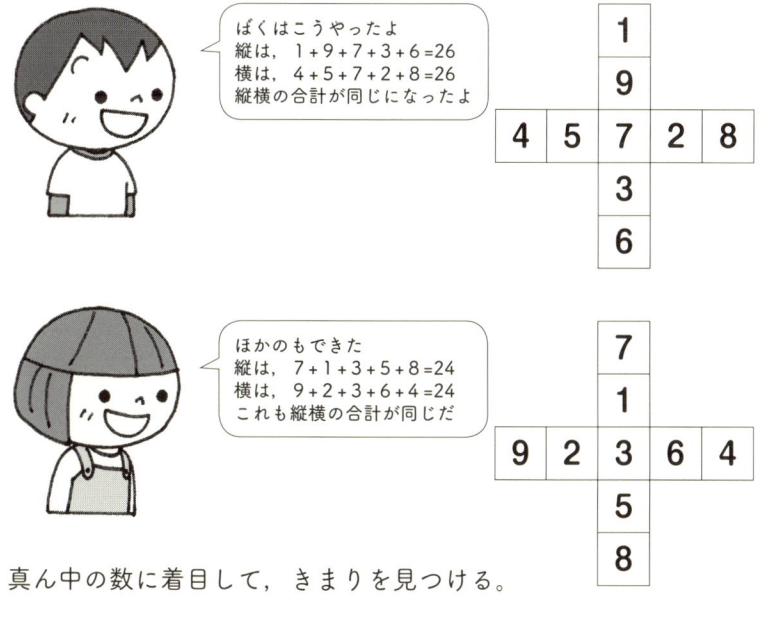

ぼくはこうやったよ
縦は，1＋9＋7＋3＋6＝26
横は，4＋5＋7＋2＋8＝26
縦横の合計が同じになったよ

		1		
		9		
4	5	7	2	8
		3		
		6		

ほかのもできた
縦は，7＋1＋3＋5＋8＝24
横は，9＋2＋3＋6＋4＝24
これも縦横の合計が同じだ

		7		
		1		
9	2	3	6	4
		5		
		8		

真ん中の数に着目して，きまりを見つける。

できたときとできないときを比べると
真ん中の数に違いがあるよ
どうしてかな？
できたとき　　　→1，3，5，7，9
できなかったとき→2，4，6，8

※縦横の合計が同じになるように，数を並べるだけでも十分だが，もし
　きまりを見つけたならば，その理由を考えるのもいい。

[解説]

　1〜9の合計は45です。真ん中の数は2回たすので，縦横の合計を
合わせると「45＋真ん中の数」となります。縦横の合計を同じにする
には，「45＋真ん中の数」が2で割れなければなりません。よって，真
ん中に入る数は1，3，5，7，9になります。

24 3月7日はラッキーDAY？

 ある1桁の数に37をかけると，同じ数が並ぶというおもしろい計算。3月7日，学級の人数が37人，先生の年齢が37歳など，いろいろな話題と絡ませながら話をつくると楽しめる。

【準備物】

特になし

【あそび方】

①子どもたちに好きな1桁の数を言ってもらう。

②その数を3回たす。

③その数に37をかける。すると，その数が並んだ答えになる。

3を3回たして，37をかけてください

$3 + 3 + 3 = 9$

$9 × 37 = 333$
あ！　3が並んでる

今日は，おもしろい計算をしてみましょう まずは，好きな1桁の数を決めましょう 次に，その数を3回たします。

ぼくは7で やってみよう 7 + 7 + 7 = 21

わたしは2だから 2 + 2 + 2 = 6

できましたか？ では，今日は…3月7日ですから 37をかけてみましょう

わたしも222になったわ …最初に3回たしているのは ×3をしていることと同じよね

あ！ 777になった

わかった！ 3 × 37 = 111だから。 例えば7 × 111 = 777のように 最初の数が3つそろうよ

最初に決めた数 × 3 × 37の計算 をしているということか

【解説】

　3 × 37 = 111という計算を利用したおもしろい計算です。最初に好きな1桁の数を決めておくと見事その数が3つ並びます。同様の例として，11 × 101 = 1111, 41 × 271 = 11111,　3 × 7 × 11 × 13 × 37 = 111111 というのもあるので，電卓の学習のときなどに扱ってもいいでしょう。

25 ぐにゃぐにゃのひもを切ると…

ぐにゃぐにゃに置いたひもを，一直線に切ると何本に分かれるのかを考える。一本一本数えてみると，途中で何本なのかがわからなくなるので，工夫して数える方法を見つけて解く。

【準備物】

ひも（2〜3m程度。なくてもよい）

【あそび方】

「ぐにゃぐにゃに置いたひもです」と言って，黒板に適当に線をかく。「このひもを，一直線で切ると，何本に分かれるでしょうか」と問う。

植木算の応用問題で，（切ったところの数）＋1＝（ひもの本数）で解くことができる。

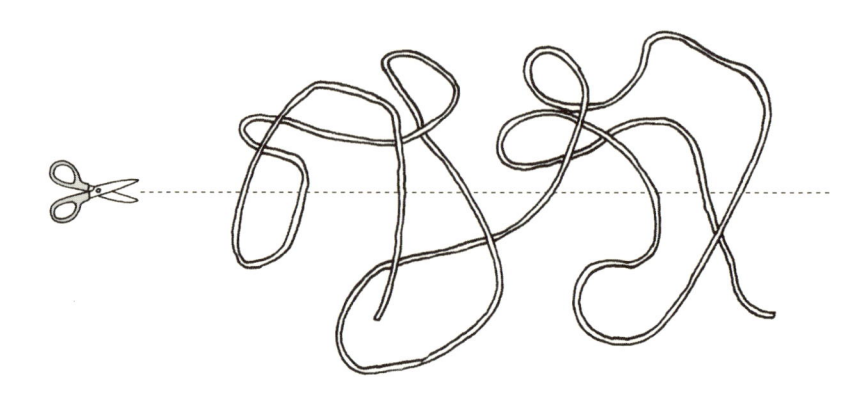

問題を出す。

点線に沿ってハサミで切ると，このひもは何本に分かれるかな？

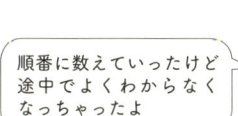

順番に数えていったけど途中でよくわからなくなっちゃったよ

簡単な場合で考えたらどうかな？

切ったところが2カ所のときは3本に分かれたよ！

切ったところを3カ所にしたら，4本に分かれたわ！

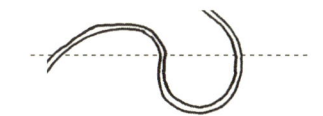

切ったところが2カ所のときは3本，
3カ所のときは4本に分かれるということは
（切ったところの数）＋1＝（ひもの本数）
ということになりそうだ！
問題のひもは，8カ所で切られているから…

【解説】

　植木算の応用問題です。ひもがぐにゃぐにゃになっているのでわかりづらいですが，以下のように伸ばして考えるといいでしょう。

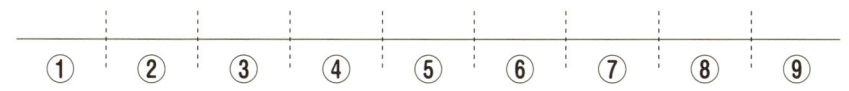

① ② ③ ④ ⑤ ⑥ ⑦ ⑧ ⑨

26 カレンダーパズル１

十字の形をした枠を，カレンダーの中のどこに置いてもその数字の和は，真ん中の数字の５倍になる。

【準備物】

カレンダー
十字形の枠

【あそび方】

　子どもに，十字の枠をカレンダー内の５つの数字が入るように置いてもらい，その５つの数字の和を求める。答えは，必ず真ん中の数の５倍となる。

【解説】

　なぜ，いつも真ん中の数の５倍になっているかと言えば，真ん中の数をnとすると，上の数が（n－7），下の数が（n＋7），左の数が（n－1），右の数が（n＋1）になるため，nは５つの和の平均となるからです。

59

27 カレンダーパズル2

中学年

教室にも家にも必ずあるカレンダーを使ったパズル。カレンダーの中を3×3マスの枠で囲んでその中の数をたしてみると…。カレンダーの秘密を子どもと一緒に考える。

【準備物】

カレンダー（黒板掲示用）

【あそび方】

　カレンダーの好きなところに，3×3マス（9日分）の枠で数字を囲み，その和を求めさせると，答えは真ん中の数字の9倍になる。いろいろな計算方法を出させて，9倍になる理由に迫りたい。

今日はカレンダーを使うよ
枠で囲んだ9個の数をすべてたしたら
いくつになるかな?

4月
日	月	火	水	木	金	土
		1	2	3	4	5
6	7	8	9	10	11	12
13	14	15	16	17	18	19
20	21	22	23	24	25	26
27	28	29	30			

81!

どうやって, 計算したのかな?

1 + 2 + 3 + 8 + 9 +10+15+16+17で
はじめから順にたしていった

18のまとまりにしました!
1 +17=18 2 +16=18
3 +15=18 8 +10=18で,
最後に9が余るから
18+18+18+18+9 =81

18以外の数のまとまりが見えた子はいるかな?

9 !
1 +17=18= 9 +9で
考えることができるでしょ
他の2 +16, 3 +15, 8 +10も
全部9 +9になる

わかった!
9 × 9 =81だ!
しかも, 9は太枠で囲んだ真ん中の数だ!

【解説】

　9個の数の和＝真ん中の数×9が最も簡単に和を求める方法です。数の並びが整っているカレンダーから規則を見つけて導き出します。なかなか見つけられない場合は，他の場所で囲んでみるといいでしょう。

28 マッチ棒パズル

直観力やひらめきを鍛えるのに役立つマッチ棒パズル。どのマッチ棒を動かすと，正方形が消えたり表れたりするのか，試行錯誤しながら取り組める。

【準備物】

マッチ棒（1人15本），マッチ棒（黒板用）

【あそび方】

　下の図のように並べたマッチ棒を3本取り除いて，3つの正方形をつくる。実際に手を使って取り組むといい。

3本のマッチ棒を取り除いて
3つの正方形をつくりましょう

5つの小さい正方形を3つに
するということ？

端のマッチ棒を3本と
正方形が4つ残るなあ

正方形は3つできたけれど
2本余るわ…

3つの正方形が
できたわ！

【解説】

　試行錯誤やひらめきだけでなく，筋道立てて
考えることもできます。マッチ棒15本から3
本取り除くので，12本で3つの正方形をつく
ります。1つの正方形には4本の辺が必要なの
で12÷4＝3（つ）。つまり，辺が重ならない
ように頂点でつながる正方形を考えるといいでしょう。

29 心をひとつに！

学級開きでみんなの気持ちを1つにさせたいときに使える簡単な算数マジック。子どもたちがそれぞれ違う数を思い浮かべたのに，ある計算をすると答えがみんな同じになる。

【準備物】

紙と鉛筆

【あそび方】

①子どもたちに，心の中である数を思い浮かべさせる。

②その数に2をたす。

③その答えを2倍する。

④それにまた2をたす。

⑤たした答えを2で割る。

⑥最後に，その答えからはじめに心に思った数をひく。

　　　　　　　　　　　…すると答えは，3になる！

> ①8にすると…
> ②8 + 2 = 10
> ③10 × 2 = 20
> ④20 + 2 = 22
> ⑤22 ÷ 2 = 11
> ⑥11 − 8 = 3
> 　　　答えは3！

先生がルールを説明する。

みなさん，心の中で好きな
数を思い浮かべましょう
そして，その数に2をたし
ましょう…

7にしよう
7 + 2 = 9

100にしよう
100 + 2 = 102

あとは③〜⑥を続ける。

さあ，みなさんの答えは
いくつになりましたか？

3！

3！ あれ？
どうして一緒に
なるの？

【解説】

　答えがみんな3になる理由は次の通り。

　①ある数をAとする　②A + 2　③（A + 2）× 2 = 2A + 4

　④（2A + 4）+ 2 = 2A + 6　⑤（2A + 6）÷ 2 = A + 3

　⑥（A + 3）− A = 3

　ルールの「2」を「3」に変えると，答えはいつでも「4」に，「4」
に変えると「5」になります。

30 花びら計算パズル

あるきまりに従って解く計算問題。ただのドリルよりも楽しく取り組むことができる。自分で問題をつくったり，友達同士で行うとより楽しめる。

【準備物】

花びらのワークシート

【あそび方】

　下の図のように，外側の花びらの数字を，あるきまりに従って計算すると真ん中の数字になる。あるきまりとは，一番上から反時計回りに，「たして，たして，かける」。1，2問例示して，子どもたちがきまりを見つけられたら問題に取り組ませるととよい。

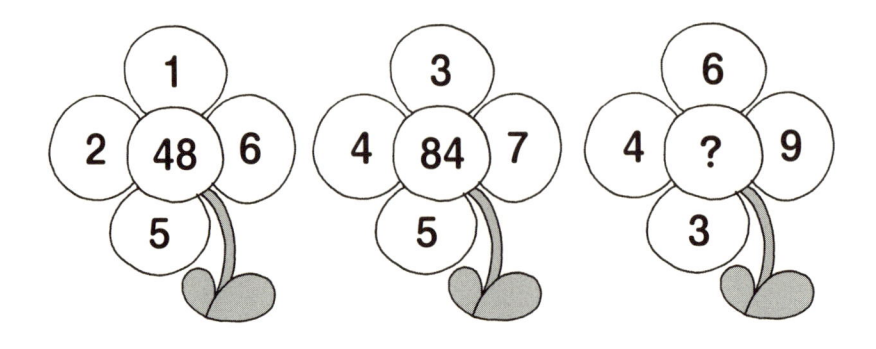

【解説】

　パズルは解くおもしろさだけでなく，つくるおもしろさもあります。
例えば，「花びらの中の数字を変える（例，小数，分数など）」「真ん中
の答えに数字を入れ，花びらの数字を１つ抜く」「花びらの枚数を変える」
「計算のルールを変える（例，ひき算やわり算などを入れる）」
など。いろいろな花びらパズルをつくることを通して，加減乗除の四則
演算をマスターさせましょう。

メイク10

中学年

ランダムに出す4つの数字と＋－×÷（）を使って答えが10になる計算を考える。立式まで行うことで，四則計算や計算の順序の練習にもなる。

【準備物】

0～9までの数カード

【あそび方】

①0～9までの数カードを使う（トランプでもよい）。

②10枚の数カードをよくきって，伏せた状態で4人の子どもに1枚ずつ引かせる。

③出た4つの数字を黒板に書いて，答えが10になる式をみんなで考える。

4 + 8 + 3 − 5

【解説】

　答えは一通りとは限らないので，一つの式を見つけても他の式はない
かと時間一杯考えることができ，頭の中で様々な計算を行うため，数に
対する感覚を鍛えることができます。逆に10にすることが不可能な場
合もあります。ひらめきの要素もあるので，必ずしも算数の得意な子ど
もがよくできるとは限らず，みんなで楽しむことができます。授業で行
う以外にも，電車の切符に書いてある4桁の番号でやってみたり，車の
ナンバーでやってみたり…と日常のちょっとした場面でも取り組むこと
ができます。

32 4 だけ使った計算

4つの4と＋－×÷（ ）を使って答えが0〜10になる計算を考える。式が何通りかできるものもあるので，何通りの式でできるのかを探してみてもおもしろい。

【準備物】

4つの数カード

【あそび方】

4を4つと＋－×÷（ ）を使って，答えが0〜10になる式をつくっていく。0〜9までは普通にできるが，10をつくるにはひと工夫が必要。実は，4を2枚使って44をつくるのである。

8は？

$4 \times 4 \div 4 + 4 = 8$

黒板に4の数カードを4枚貼り，問題を出す。

【解説】

10をつくる方法を知ると，「他の数もこのやり方を使ってできないかな」と，44を使って新しい式を考えていくことができます。

33 1aドッジボール

中学年

4年生の面積の学習で，a（アール）という単位を学習するが，机で学習してもあまり実感をもつことができない。そこで，1aの広さを実感をもって理解するために，ドッジボールをして遊ぶ。

【準備物】

ボール

ライン引き

【あそび方】

　1aの正方形（10m×10m）を2つつなげて，それぞれのチームに分かれてドッジボールを行う。

みんなでドッジボールをする。

今日は，ドッジボールをするよ
でも，それぞれの陣地の広さは
1 a です。
いつもより大きいかな？
小さいかな？

1 a の広さについて感想を話し合う

1 a ドッジボールをやってみて
広かったですか？
狭かったですか？

1 a って
100㎡のことでしょ
1 ㎡が100個もあるから
広いと思っていたけど，

最初，人がたくさんいたから
分からなかったけど
人がいないときに見たら
縦も横も10mもあって
とても広く感じたよ

[解説]

　1 a が広いか狭いかは，人それぞれ感じ方は異なります。また，遊ぶ人数によっても感じ方は違ってきます。各人が実感をもって1 a の広さを理解することがねらいなので，感じ方が異なるのは問題ありません。大切なのは，一人ひとりが1 a の広さについての「このくらいの広さだな」と思い浮かべることができるようにすること。1 ha（ヘクタール）についても，鬼ごっこなどを体験させることで広さを実感させるといいでしょう。

34 1089の不思議

1089という数には，おもしろい性質がある。abcd×9＝dcbaになる4桁の数を見つけるクイズをもとに1089の不思議さに触れさせたい。

【準備物】

特になし

【あそび方】

　abcd×9＝dcbaにあてはまる4桁の数を考える。筆算の形にすることで考えやすくなる。

$$
\begin{array}{r}
a\ b\ c\ d \\
\times\qquad 9 \\
\hline
d\ c\ b\ a
\end{array}
$$

abcdに当てはまる数を考えましょう

$$a\ b\ c\ d$$
$$\times\qquad 9$$
$$d\ c\ b\ a$$

9をかけても4桁のままだからaは1でdは9ね

$$1\ 0\ c\ 9$$
$$\times\qquad 9$$
$$9\ c\ 0\ 1$$

じゃあ，千の位にも繰り上がっていない
ということだからbは0

順番に考えていくと，abcdは，1089になることがわかる。

では，次の場合はどうですか？

$$a\ b\ c\ d$$
$$\times\qquad 4$$
$$d\ c\ b\ a$$

今度は，2178になる

そうですね
1089×2＝2178なので
最初の答えの2倍になっているのです

【解説】

　1089に1から9までの数をかける
と，それぞれの位の数が1ずつ変わり，
×1と×9，×2と×8というように
かける数がたして10になる組み合わ
せで数字の並びが反対になります。

1089×1＝1089	1089×9＝9801
1089×2＝2178	1089×8＝8712
1089×3＝3267	1089×7＝7623
1089×4＝4356	1089×6＝6534
1089×5＝5445	

35

$$\square \times \square = 2401$$

中学年

□に同じ数が入るとき，□×□＝2401になるように，□に入る数を考える。答えの桁数や一の位の数をヒントに検討をつけながら推理し，少しずつ□に入る数に迫っていく過程が楽しい。

【準備物】

特になし

【あそび方】

「□×□＝2401」と黒板に書く。問題を解くための条件は，「□に同じ数が入る」ということだけである。ポイントは，答えの一の位に注目させること。

□の数はわかりますか？

40×40＝1600
50×50＝2500だから
□に入る数は
40～50の間の数になりそうだな

答えの一の位の数が1だよ
同じ数をかけて
一の位の数が1になるのは
1×1か9×9のどちらかよ

ということは
□に入る数は
十の位が4で
一の位が1か9になる
ということだね！

41×41＝1681で
49×49＝2401になるから
□に入る数は49ね

他にも
いろいろな問題が
つくれそうだ

【解説】

　この問題を1問解けば，他にも様々な問題をつくることが可能です。答えを変えることもできるし，□を3つにしてもおもしろいです。問題を解いて終わりにせず，子どもが発展的に問題をつくるところまで活動を広げられることを期待したいところです。

36 折り紙でつくる 最大の正三角形

中 学 年

折り紙を使って，三角定規や分度器は使わずに，正三角形を折る活動である。いろいろな正三角形の折り方があるが，最大の場合についても紹介したい。

【準備物】

折り紙

【あそび方】

　折り紙を使って正三角形の折り方を考えていく。正三角形は，3つの辺の長さが等しいという約束のもとで折り方を考えることができる。

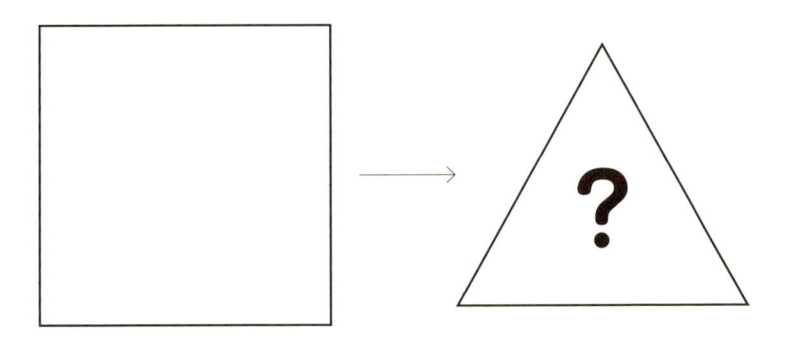

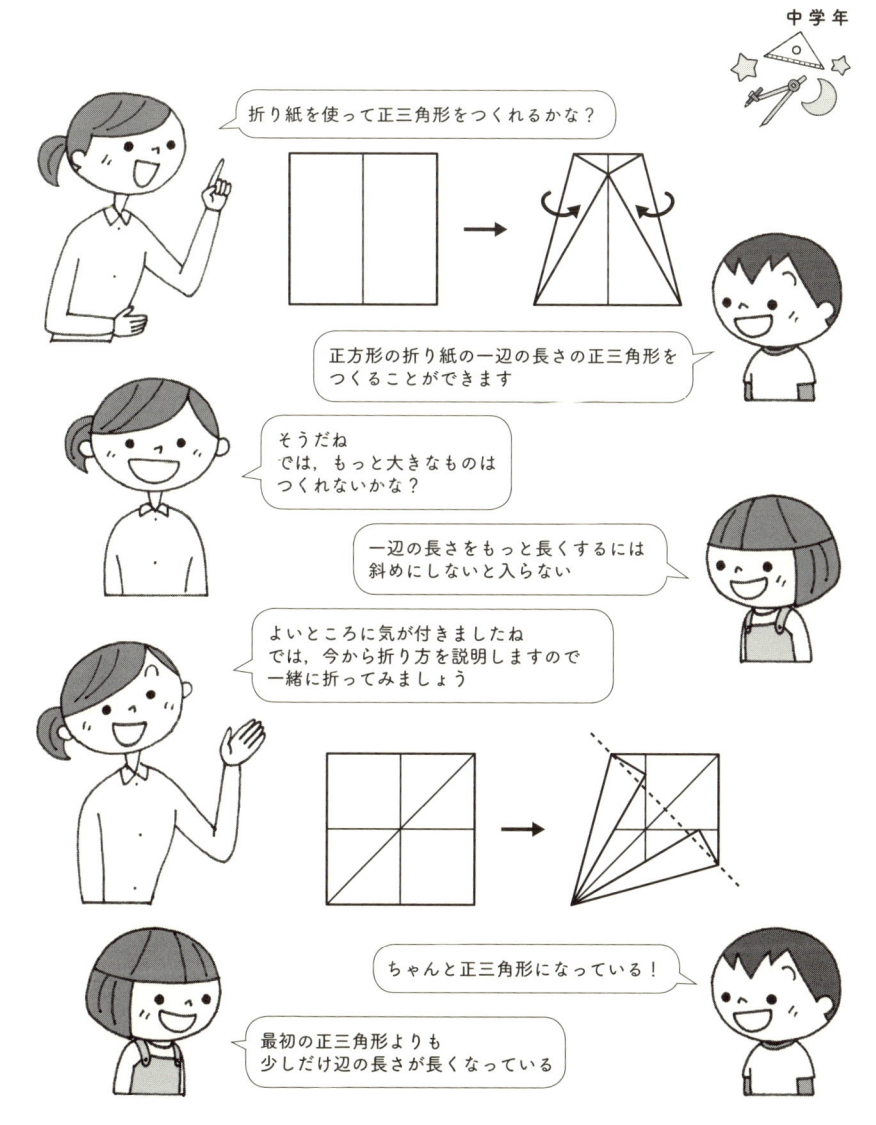

折り紙を使って正三角形をつくれるかな？

正方形の折り紙の一辺の長さの正三角形を
つくることができます

そうだね
では，もっと大きなものは
つくれないかな？

一辺の長さをもっと長くするには
斜めにしないと入らない

よいところに気が付きましたね
では，今から折り方を説明しますので
一緒に折ってみましょう

ちゃんと正三角形になっている！

最初の正三角形よりも
少しだけ辺の長さが長くなっている

【解説】

　折り紙を使っていろいろな図形を折っていくことで，図形の性質に触れ，図形感覚を豊かにしていくことができます。最大の正三角形の折り方については，先生から紹介しながら，子どもと一緒に折っていくようにしましょう。

37 回文数

回文数とは，9559のように逆から数字を読んでも同じ数になる数である。ある3桁の回文数に55をかけると4桁の回文数になる。最初の3桁の回文数は何か？ 推理しながら考えるといい。

【準備物】

特になし

【あそび方】

①回文数の説明をする（9559などの例を出すとよい）。

②問題となる「□×55＝△」を板書する。

　解くためのポイントは，△の一の位から考えること。

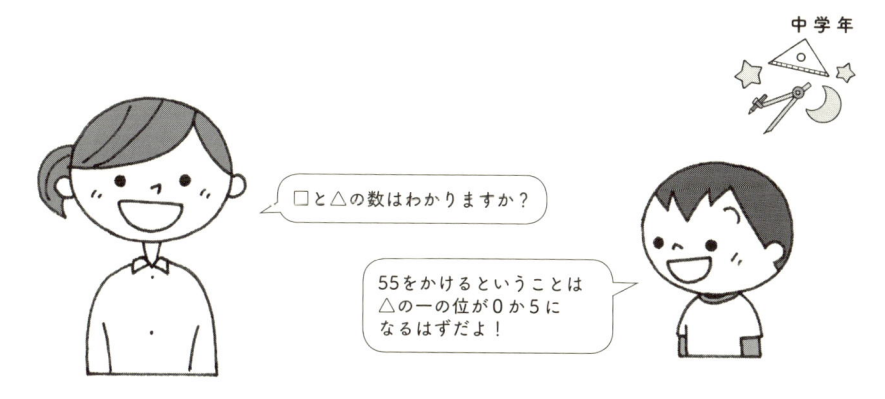

□と△の数はわかりますか？

55をかけるということは
△の一の位が0か5に
なるはずだよ！

回文数の意味を全員が理解してから問題解決に取り組ませるようにしたい。また，子どもの実態に応じて，55をかけると一の位が0か5になることを全体で確認してから始めてもよい。

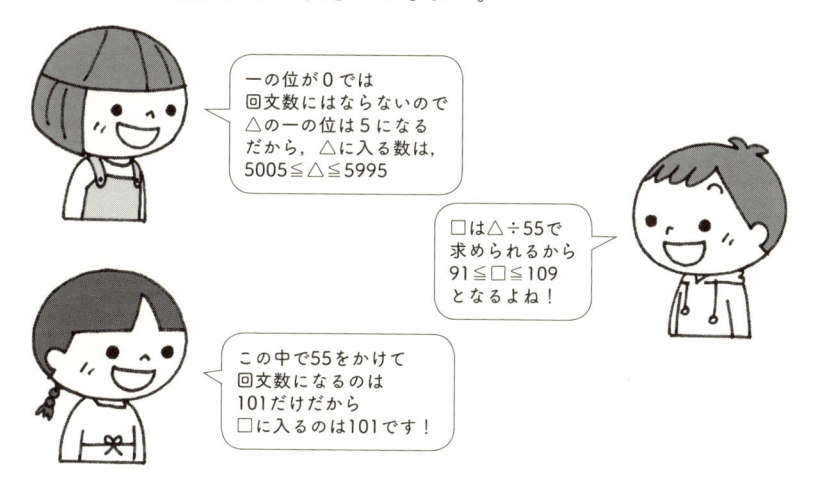

一の位が0では
回文数にはならないので
△の一の位は5になる
だから，△に入る数は，
5005≦△≦5995

□は△÷55で
求められるから
91≦□≦109
となるよね！

この中で55をかけて
回文数になるのは
101だけだから
□に入るのは101です！

【解説】

　回文に関する問題は他にもあります。

・3桁の数で5倍すると回文数になる最大の数はいくつでしょう。

・ある2桁の数とその数の数字を逆さに並べた数字をたして回文数になるまでこの操作を繰り返します（例：94→94＋49＝143，143＋341＝484）。最もこの操作を繰り返さなければならない2桁の数はいくつでしょう。

38 回文計算

2桁×2桁のかけ算で，左から数字を見て計算しても，右から数字を見て計算しても答えが同じになるという計算の回文。どんな場合に同じになるのかを考えていく。

【準備物】

特になし

【あそび方】

14×82を反対から読むと28×41。どちらも計算すると答えは，1148と同じになる。23×65を反対から読むと56×32。こちらは，23×65が1495になるのに対し，56×32は1792と答えが異なる。この計算の回文はどんなときに成り立つのかを考えていく。

14×82

反対は，28×41

答えはどちらも1148

問題を出します
14×82
これを反対から読むとどうなりますか？

28×41

それぞれ計算すると
答えはどうなりますか？

どちらも1148です

では，13×42と24×31ではどうですか

今度は答えが違う
どうしてだろう？

回文が成り立つ式と成り立たない式を比べてみましょう

わかった
計算の回文が成り立つ式は
かける数とかけられる数の十
の位同士と一の位同士をかけ
た数が同じになっている

回文が成り立つ式 　　回文が成り立たない式

・13×93 　　　　　　・15×62

・63×24 　　　　　　・72×39

・48×21 　　　　　　・56×31

・36×84 　　　　　　・35×83

【解説】

　2桁のかけ算ab×cdにおいて，a×c＝b×dになっているときに，計算の回文が成り立ちます。中学年で扱う場合には，いくつかの事例からきまりを見つけ，他にどんな式が考えられるか探してみるとおもしろいでしょう。高学年で扱う場合には文字を使ってなぜそうなるのかも考えてみます。筆算の形にするとよりわかりやすくなります。

39 リンゴ取りゲーム

中学年

1列に並んだリンゴを左から交互にとっていき，最後の1個を取った人が負けというゲーム。何人でも遊べるが，2人の場合は必勝法がある。

【準備物】

リンゴのイラスト（なくてもいい）

【あそび方】

13個のリンゴを左から順番に交互に取っていき，一番右の青リンゴを取った人が負けとなる。ただし，一回で取れるリンゴの数は1個から3個まで。2人で行う場合は，最後から手前のリンゴを取れば勝つことができる。つまり，4個目，8個目，12個目を取れば勝てるので，後手が必ず勝つことができる。

青リンゴ

最後から1つ手前のリンゴを取ることができたら勝てるわ

どうやったら取れるかな？

【解説】

　13個の場合，2人でやると後手が必ず勝つゲームです。最初は自由にゲームを楽しみながら徐々に必勝法に気付かせていきます。余裕があれば，リンゴの数を変えると必勝法がどうなるかも考えさせます。あまりのあるわり算の活用問題としても扱えます。

40 棒消しゲーム

ペアで対戦するゲーム。24本の棒を交互に消していき、最後の1本を消した方が勝ち。1回で消せるのは、3本まで。必勝法を考えさせてもおもしろい。

[準備物]

紙と鉛筆（余裕があれば、24本の棒が印刷された紙）

[あそび方]

　黒板に24本の棒を書く。2人の子どもが交互に棒を消していく。1回で消せるのは連続している棒で最大で3本まで。最後の1本を消した方が勝ちとなる。ルールがわかれば、隣同士ペアになって対戦してもよい。

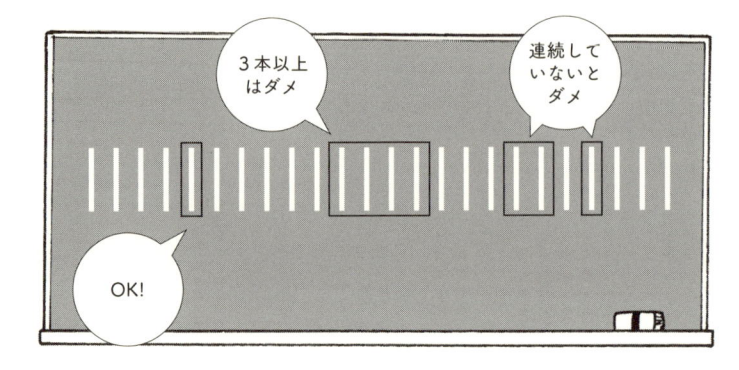

２人一組になり、先手後手を決めていざ対戦！

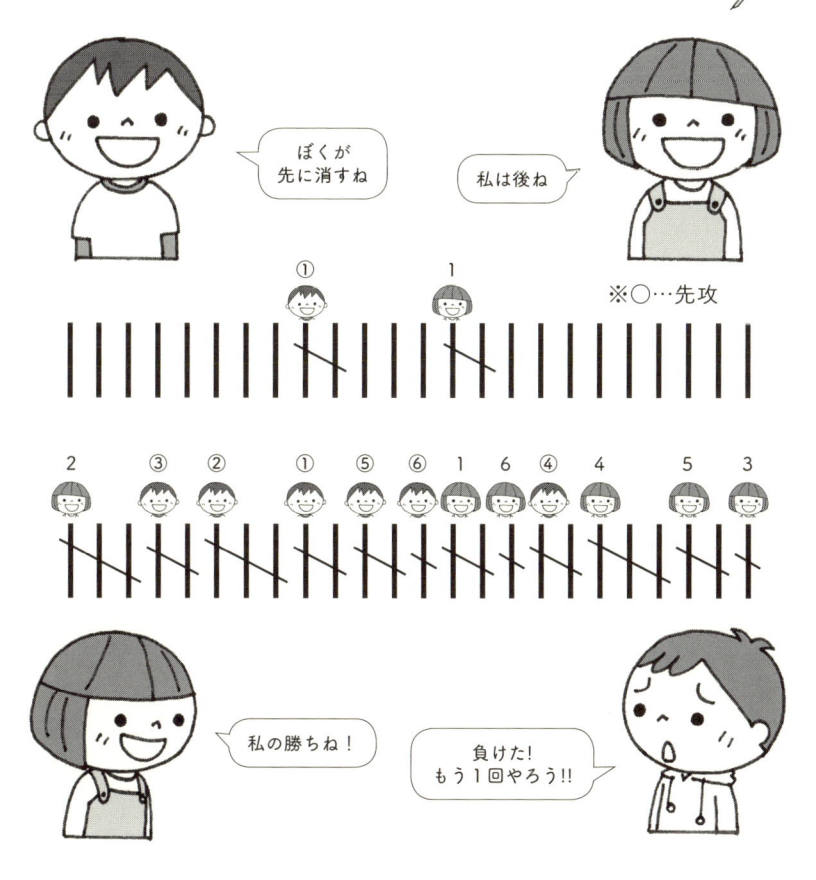

※〇…先攻

※慣れてきたら、本数を変えてやってみるとよい。また、高学年には
必勝法を考えさせてもおもしろい。

[解説]

先手が一番最初に真ん中の２本を取り、あとは左右対称に取っていけ
ばいいでしょう（全体が奇数本の場合は、最初に１本か３本を取る）。

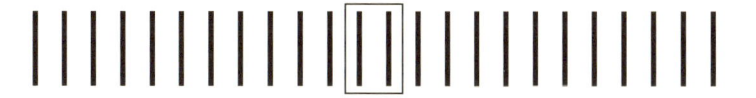

41 面積が2倍の正方形は？

中学年

簡単につくれそうで，なかなかつくれない面積が2倍の正方形。正方形の面積は1辺×1辺なので，つい辺の長さを変えようとしてしまう。頭の体操だと思って，柔軟に考えるといい。

【準備物】

特になし

【あそび方】

　もとの正方形と面積が4倍になる正方形のつくり方を確認した後，面積が2倍になる正方形に取り組む。

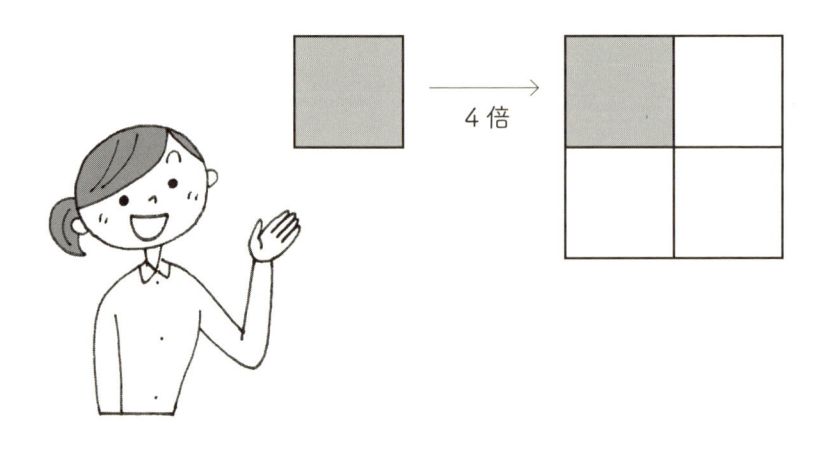

4倍

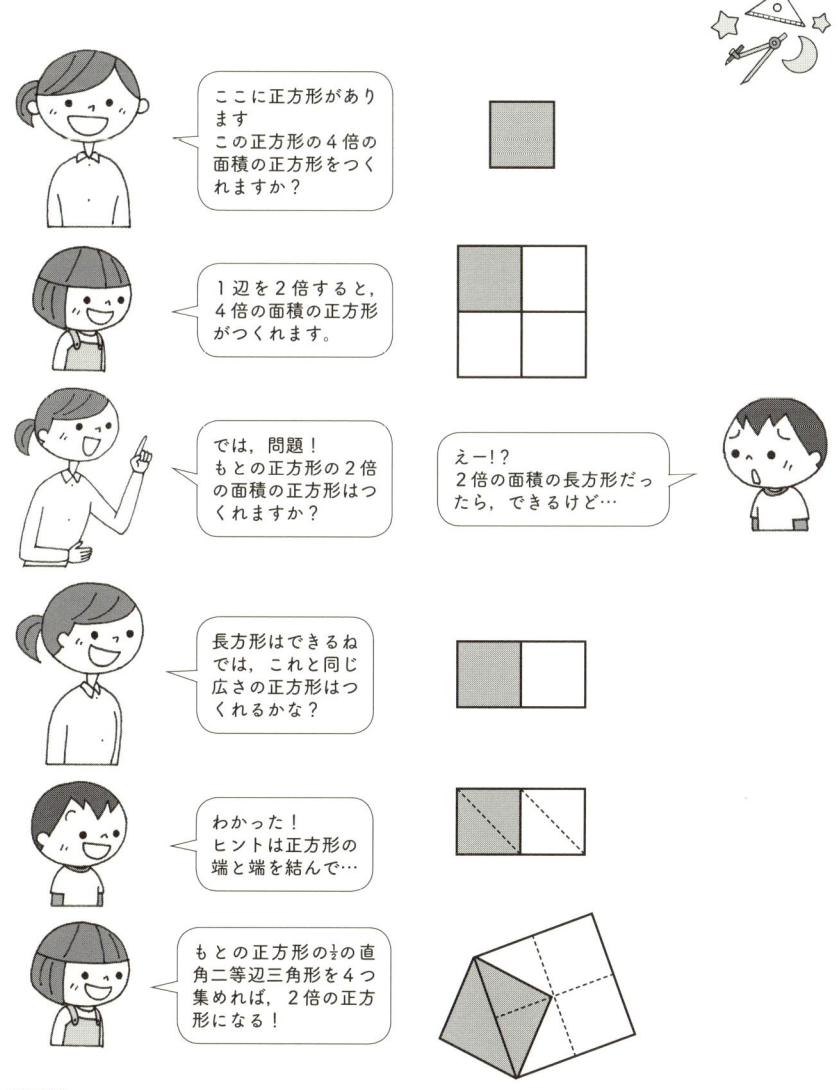

ここに正方形があります
この正方形の4倍の面積の正方形をつくれますか？

1辺を2倍すると，4倍の面積の正方形がつくれます。

では，問題！
もとの正方形の2倍の面積の正方形はつくれますか？

えー！？
2倍の面積の長方形だったら，できるけど…

長方形はできるね
では，これと同じ広さの正方形はつくれるかな？

わかった！
ヒントは正方形の端と端を結んで…

もとの正方形の$\frac{1}{2}$の直角二等辺三角形を4つ集めれば，2倍の正方形になる！

[解説]

　すぐに閃けば，なんてことはない問題。しかし，つまずいた場合は，一度面積が2倍の図形に置き換え等積変形してみるといいでしょう。対角線を引いて直角二等辺三角形を4つ集めれば，面積が2倍の正方形をつくることができます。

42 虫食い算

かけ算の筆算を虫食い算にして（□で隠して），□に入る数字を求める。ひらめきに頼るもよし，筋道立てて考えるもよし。子どもたちも知らず知らずたくさん計算できる。

[準備物]

特になし

[あそび方]

かけ算の虫食い算を出して，□に入る数字を考える。□に入る数字は1桁の数字で，同じ数を使ってもよいこととする。アとイを中心に，筋道立てて考えていくと解くことができる。

$$
\begin{array}{r}
\boxed{イ}8 \\
\times\ 9\boxed{ア} \\
\hline
1\,6\,2 \\
1\,6\,\boxed{ウ}\ \ \\
\hline
1\,\boxed{エ}\,8\,2
\end{array}
$$

かけ算の筆算をノートに書いていたら
□のところを虫に食われてしまいました
□には，どんな数が入りますか？

同じ1桁の数が入っても
いいのかな？

いいですよ。

どうやって，解きま
したか？

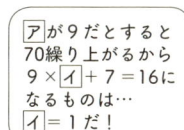

8×アで一の位が
2になるのは
8×4＝32か
8×9＝72の
どちらかだわ

ア＝4だとすると
30繰り上がるから
4×イ＋3＝16に
なるものは…
ないなあ

アが9だとすると
70繰り上がるから
9×イ＋7＝16に
なるものは…
イ＝1だ！

8×9＝72だから
ウ＝2，エ＝7で
虫に食われる前に
戻ったわ！

$$
\begin{array}{r}
1\,8 \\
\times\ 9\,9 \\
\hline
1\,6\,2 \\
1\,6\,2 \\
\hline
1\,7\,8\,2
\end{array}
$$

[解説]

　虫食い算は2年生でたし算やひき算の
ものをやっていると，かけ算やわり算の
虫食い算もやってみたくなります。デジ
タル・パズルとも呼ばれる虫食い算は，

・直観力が養われる

・筋道立てた考えが養われる

・繰り上がりや繰り下がりの意味がよくわかる

・計算のルールが身に付く

などの効果があります。消えた数字の謎を解き明かしましょう！

43

京都＋大阪＝東京!?

算数のクイズの一つに覆面算と言われるものがある。文字や記号を使って表された式に，計算が成り立つように，当てはまる数字を考えていくものである。

[準備物]

特になし

[あそび方]

　同じ文字や，記号で表されたところには，同じ数字が入るというルールを確認し，当てはまる数字を考える。タイトルの京都＋大阪＝東京は，漢字のままではなく，ローマ字で考えると成り立つ有名な問題である。

KYOTO
+OSAKA
―――――
TOKYO

次の問題を解けますか

KYOTO
+OSAKA
―――――
TOKYO

一の位がO＋A＝O
になっているから
Aは0ということね

百の位もO＋Aだけど
答えはKになっているから
KはOよりも1大きい数だ

そうですね
順番に整理して考えていくと
解いていくことができますね

一万の位は繰り上がって
いないからT＝K＋Oで
K＋Oは5＋4〜2＋1
の間になるわ

Oが3か4になる
ことがわかるよ

自分たちでも計算を考
えてみて
オリジナルの覆面算を
つくってみましょう

KYOTO
+OSAKA
―――――
TOKYO

➡

41373
+32040
―――――
73413

［解説］

　単語など，意味のある言葉をつくるのは難しいですが，自分たちで計算した筆算を記号に置き換えてオリジナルの覆面算をつくると楽しめます。なるべく，同じ数字が出てくる計算の方が，考えるきっかけになります。また，答えが一通りとならないこともありますが，計算の習熟もかねて，お互いに解き合っていくといいでしょう。

44

筆算対決

数カードを用いて，かけ算の筆算対決を行う。筆算の習熟を図るとともに数を大きくするためには，どこにどのカードを入れればよいかを考えさせる。

[準備物]

0〜9までの掲示用数カード

[あそび方]

①クラスを半分に分ける（2チームにする）。

②0〜9の数カードを用意し裏返す。

③数カードの中から各チーム1枚ずつ順に選び，かけ算の筆算をつくる。

④答えが大きくなった方が勝ち。

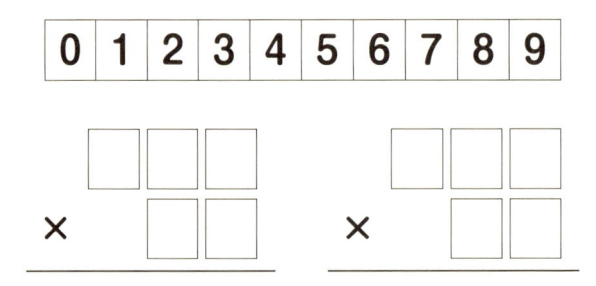

［解説］

　一番大きな桁だけをかけ算して，およその計算ができるようになってもらいたいところです。また，そうすることで途中で勝負の結果が見えたとしても，筆算の習熟を図るために，きちんと計算をさせるといいでしょう。

45 不思議なわり算

一人ひとり，選んだ数が違うのに，同じ操作を繰り返すことで最初に選んだ数になる。不思議さを感じさせると同時に，算数の楽しさも味わわせたい。

[準備物]

特になし

[あそび方]

①子どもたちに，好きな3桁の数を書かせる。

②その横にもう1回同じ3桁の数を書かせて，6桁の数をつくる。

③まず7で割り，次に11で割り，最後に13で割ると，必ず最初に選んだ3桁の数が現れる。

```
745745
```

[解説]

　7や11，13という割り切れそうにない数で割り切れたらラッキーとすることでクラスは盛り上がります。7×11×13＝1001になるために，ある3桁の数abcをかけると，abc×1001＝abcabcになるため，こういったおもしろい結果が得られるのです。

46 図形の暗号パズル

11種類の形が違う図形は，それぞれ0から12までの数字を表している。どの図形がどの数字を表しているか，子どもたちと一緒に考える。

[準備物]

暗号パズル

[あそび方]

　11種類の図形の式の暗号パズルを見せる。図形は，0から12までの数字を表しており，どの図形がどの数字なのかを考えさせる。ポイントは，□×□×□＝〇といった，同じ図形が使われている式に注目することである。

11種類の図形の正体は 0 から 12 までのどれかな？

どの図形からだったら解けるかな…

□×□×□＝○を見ると3つ同じ数をかけると0〜12になるから□＝2，○＝8だ！

よいところに目をつけたね

□×□＝○だから○＝4だわ！

8×△＝△だから△＝0しかない！

▯×▯＝✿だから▯＝3，✿＝9だ！

[答え]

◯ ＝ 8   △ ＝ 0   □ ＝ 2   ▯ ＝ 3

✦ ＝ 9   ⬭ ＝ 4   ✚ ＝12   ◸ ＝ 6

◇ ＝ 1   ☆ ＝ 5   ⬠ ＝10

パチパチセブン

皆で数を数えながら7がつく数や7の倍数のときだけ手を叩くあそび。クラス全体でもグループごとに行っても盛り上がること請け合い。

[準備物]

特になし

[あそび方]

1，2，3…と順番に数を数えていく中で，7の倍数と7がつく数のときだけ，数を唱えずに，手を叩く。

※順番に続けていく。

※間違えたら，1 からやり直し。

[解説]

　人数によっては，「パチパチ 3」にしてみるなど，ルールを変えても
いい。さらに慣れてきたら，「パチパチ 3，7」と手をたたく回数を増
やしてみることで，さらに盛り上がるでしょう。

48 小町算

1～9の数字を使って100をつくる計算パズル。平安時代の歌人である小野小町のもとに，百夜通いつめた深草少将の「百夜通い」の話が語源になっている。いくつの数式ができるか挑戦してみよう！

[準備物]

特になし

[あそび方]

　1～9までの数字が並んでいて，それぞれの数字の間に「＋」か「－」のいずれかを入れて，「100」を完成させる。なお，数字の間に何も入れないで，隣り合う数字を2桁(あるいは3桁)の数にしてもよい。

$$1\ 2\ 3\ 4\ 5\ 6\ 7\ 8\ 9 = 100$$

先生がルールを説明する。

1〜9の数字の間に「＋」か「−」の記号を入れて答えを100にできますか？

1＋2＋3＋…＋7＋8＋9＝45 たし算だけだと，45にしかならないな

数字と数字をくっつけてもいいですか？

いいですよ 8と9をくっつけて89にしてもいいです

できたわ！ 12−3−4＋5−6＋7＋89＝100

ぼくもできた！ 12＋3＋4＋5−6−7＋89＝100

他にもあります！

[解説]

　今回は「＋」と「−」の２つの記号に限定していますが，「×」「÷」を入れたり，答えを99にしてみたりして，条件を変えて遊んでみるのもおもしろいです。

（別解）

・1＋2＋34−5＋67−8＋9＝100　・1＋23−4＋56＋7＋8＋9＝100

・1＋23−4＋5＋6＋78−9＝100　・12＋3−4＋5＋67＋8＋9＝100

・123−4−5−6−7＋8−9＝100　・123＋4−5＋67−89＝100

・123＋45−67＋8−9＝100　　　・123−45−67＋89＝100

49 算数バスケット

高学年

誰もが一度は遊んだことがある「フルーツバスケット」。「スカートをはいている子！」と言うかわりに「3の倍数の子！」と言って席を交換するフルーツバスケットの算数版である。

[準備物]

椅子（参加者数より1つ少ない数）

ゼッケン（36人の場合は1〜36）

[あそび方]

　ゼッケンをつけ，輪になって内側を向いて椅子に座る。鬼は輪の中心に立ち，問題を出す。

答えに当たる数のゼッケンを着けている人は席を替わる。このとき，鬼は空いた椅子に座る。

みんなで算数バスケットをしよう！
お題は「倍数，約数，素数，偶数，奇数」

ぼくが鬼だ
では，始めます
算数バスケット！　イェーイ！
パン，パン，偶数！

※「イェーイ！」のかけ声のときは皆でポーズを決め，「パン，パン」と
　２回手を叩く。
　ゼッケンが偶数の子が動く。その後，動いた子どもに質問する。

どうして動いたの？

偶数は２で割り切れる数でしょ
だから，10は動かなきゃ

椅子に座れなかった子が鬼になる。

算数バスケット！　イェーイ！
パン，パン，12の約数！

今度はゼッケンが12の約数の子が動く。その後，また質
問する。

どうして動かなかったの？

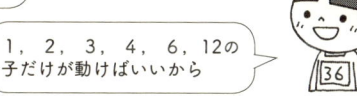

1，2，3，4，6，12の
子だけが動けばいいから

[解説]

　5年生で学習した「偶数と奇数」「倍数，約数や素数」の理解を深める
ゲーム。慣れてきたら「36と24の公約数！」とか「2，3，4の公倍数！」
と難易度を上げると楽しいです。ただし，最大公約数や最小公倍数のよ
うに，1人しか答えがない問題は出しません。また，ゼッケンの数によっ
て，よく動く子とあまり動かない子の差が出てくるので，「パン，パン，
ゼッケンチェンジ！」とゼッケンを交換させてもいいでしょう。

50 サイコロの目で計算しよう

高学年

142857に1〜6の数字をかけると，必ず同じような数字の配列が現れる。その不思議さを味わわせたい。

[準備物]

142857と書かれた紙（少なくとも6枚）

サイコロ

[あそび方]

①142857と書かれた紙を用意する。

②サイコロを振って出た目の数を142857にかける。

③142857と書かれた紙を輪っかにする。

④ある場所で切ると，答えが現れる。

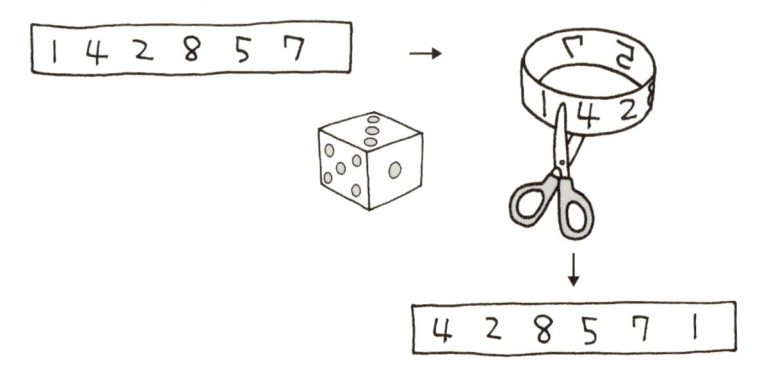

※142857と書かれた紙を輪っかする。

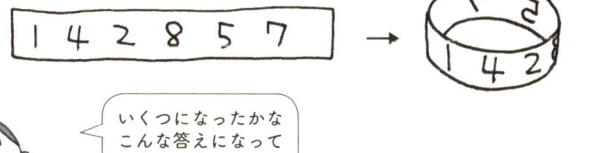

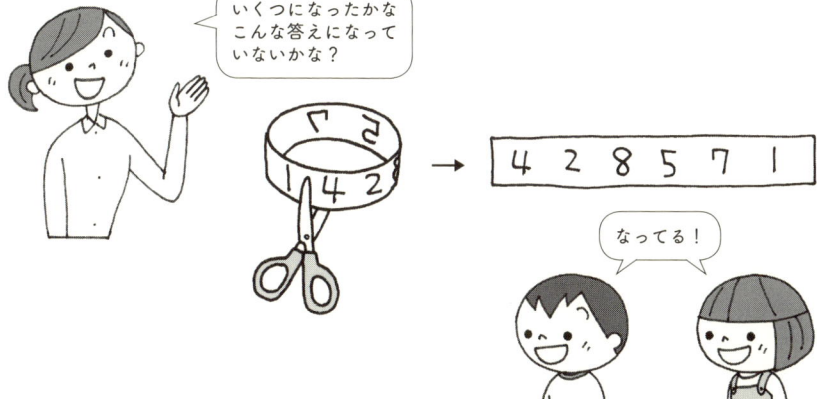

[解説]

答えは必ず142857を循環させた並びになります。

142857× 1 ＝142857

142857× 2 ＝285714

142857× 3 ＝428571

142857× 4 ＝571428

142857× 5 ＝714285

142857× 6 ＝857142

ちなみに，142857に 7 をかけると答えは999999となります。

51 メビウスの輪

高学年

ドイツの数学者メビウスが考案した世にも不思議な輪っか。
子どもたちと一緒につくってみると，皆驚くこと請け合い。

【準備物】

３cm幅で長さが約30cmの紙

のり

【あそび方】

細長い紙を１回ひねり，その両端を張り合わせる。

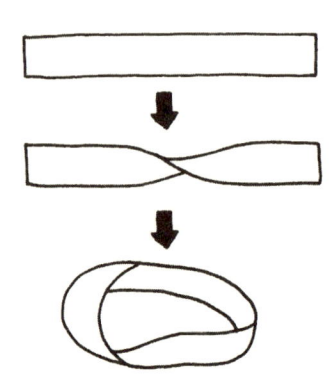

作り方を説明する。

片方の端をひねって
紙の両端をのりではって
輪にしよう

ねじれた輪がで
きました！

次に，紙の幅の真ん中
に線を引いてみよう。

ワッ
いつまでもぐるぐると線
が引ける！
裏表がない紙ってこと？

そうだね
この裏表のない紙をメビウスの
輪といいます
では，この輪を真ん中の線で切
ると輪はどうなるでしょう？

やってみないと
わからないわ…

多分，2つの輪に
分かれるのかな

実際に切って確かめ
てみましょう

【解説】

　切ってみると，ねじれた1本の輪が現れます。こ
の前に普通のねじられていない輪を切って，2つの
小さな輪になることを確かめておくと，ちがいが鮮
明になります。さらに，2回ひねってつなげた輪を
同じように切ったら，いくつの輪ができるでしょう
か。

52 一筆書き

一筆で描ける図形を考える。実際にチャレンジしながら、
一筆書きできるポイントは何かを考えることを楽しめる。

【準備物】

特になし

【あそび方】

　下の（ア）（イ）（ウ）の図形を，紙からペンを一度も放さずに，かつ同じ線は1度しか通らないでかくことができるか挑戦させる。

（ア）

（イ）

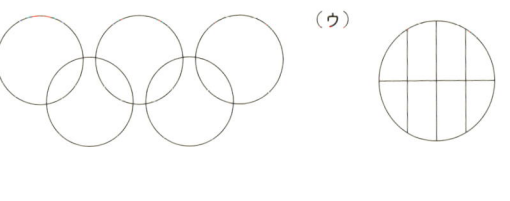

（ウ）

【解説】

　線が交わっているところ（頂点）に注目。そこから出ている線が偶数本のときは、一筆書きができます。つまり、（イ）のような図形はどこからはじめてもできます。あるいは、（ア）のように、頂点から出ている線が奇数本出ていても、それが２つのみで、残りはすべて偶数本のときも一筆書きができます。（ウ）のように、奇数本出ている頂点が４つ以上ある場合は一筆書きできません。どうしてでしょうか？

53 数字パズル「スジコ」

頭の体操に最適な数字パズル。〇の数字から，□に入る数字を推理する。筋道を立てて考え，ちょっとした計算をすれば，探している数字が見つかる。

【準備物】

スジコ（人数分）

【あそび方】

　〇の中の数字が，その〇を取り囲む４つのマスの数の合計になっている。１から９までの数字を１度だけ使って，空いているマスを埋める。

３＋１＋９＋２＝15だね
では，下の〇は？

まわりの４つの数をたして
９＋７＋５＋２＝23

問題です

うわぁ
1，4，6，8，9はどこに入るんだ？

左下の円を見ると
□＋3＋2＋5＝14だから
□＝4に決まる！

左上の円を見ると
□＋7＋3＋2＝21だから
□＝9ね！

わかった！
右上を見ると，9＋2＋□＋□＝18　だから
□＋□＝7になる組み合わせは1，6ね
右下は2＋4＋□＋□＝15だから
□＋□＝9になる組み合わせは1，8ね
1は重なっているから…

【解説】

　遊びながら，論理的思考と直観力を鍛えられます。上のパズルは左上と左下の円に注目すると，まわりの3つの□に数字が埋まっているのですぐに解くことができます。解き方に慣れてきたら，数字が入っているマスの数を減らして，難易度を上げてもいいでしょう。また，子どもたちに問題をつくらせてもおもしろいです。

54 合同な図形パズル

３×６マスの長方形を二等分する。合同な図形をパズル感覚で学べる。また，図形を回転させたり，裏返したりするなどして，図形の見方を豊かにすることができる。

【準備物】

３×６マスの長方形の紙

【あそび方】

　長方形のマス目に沿って，合同な２つの図形に分ける。真ん中で半分に分けるだけでなく，出っ張りのある図形に分けたり，回転させたり，裏返したり，といろいろな答えがある。

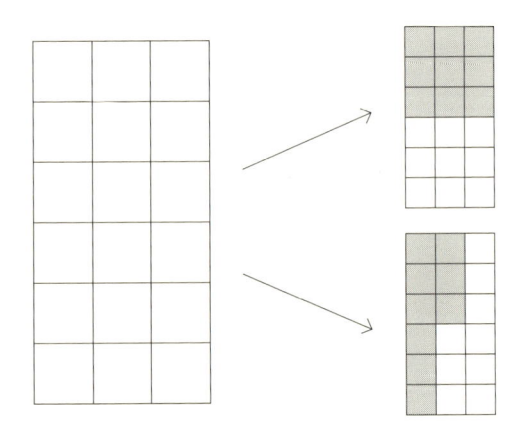

マス目に沿って，合同な2つの図形に分けられますか？

真ん中で上半分と下半分に分ければいいわ

パズルみたいに組み合わせたよ

本当に合同な図形ですか？

ひっくり返しても形も大きさも同じだから合同な図形になります

だったら他にもあるわ！9マスで同じ大きさだしひっくりかえしても形が同じよ

では，この図形は2つの合同な図形に分けられますか？

これだと8マスと10マスになるなあ

さっきの図形と比べるとへっこんだ分が出っぱっているから大きさは9マスずつだわ

【解説】

　右のように分けると，合同な2つの図形に分けられます。一見，合同な図形に分けられなさそうな図形でも・大きさが同じ（単位正方形がいくつ分）・形が同じ（回転する，ひっくり返す）をもとに考えれば，分けることができます。さらに，もとの図形を変えたり，分ける数を変えたりできると，頭が柔らかくなるでしょう。

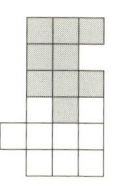

55 倍数探し

2〜9の倍数の見つけ方を知ることで，分数のかけ算など，約分する際にいかせるようにしたい。

【準備物】

特になし

【あそび方】

2520という数字を使って，2〜9の倍数の見つけ方を紹介する。

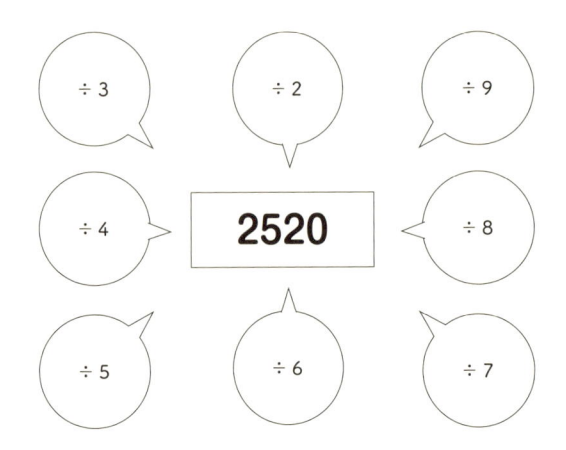

【解説】

7の倍数の見つけ方は難しいので，筆算にして計算してみるといいでしょう。

56 選んだ数字が出現！

トランプで行う算数手品。選んだ数字が現れることで，驚きとともにそのタネを考えさせる。算数的に考える楽しさを味わわせたい。

【準備物】

トランプ（ジョーカー2枚を入れて54枚）

【あそび方】

①54枚の中から11枚を選び，その中から好きな1枚を選んで覚えてもらう。

②覚えたカードを11枚の一番上に乗せ，さらにその上に残りのカードを乗せる。

③上から順番に，「10，9，8…3，2，1，0」と唱えながらめくっていき，唱えた数字と出た数が一致したら，そこでストップさせる（0までいった場合は，そのカードを裏返す）。

④③を4回繰り返すと，上から○番目（4枚のカードの合計）に必ず，①で選んだカードが現れる。

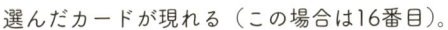

※このとき唱えた数字と出た数が一致したらストップさせる（0までいった場合は，そのカードを裏返す）。

※これを4回繰り返すと，上から○番目（4枚のカードの合計）に必ず，選んだカードが現れる（この場合は16番目）。

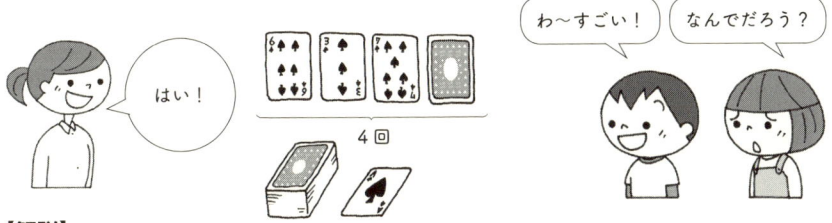

【解説】

　選んだカードを他のトランプと一緒にしたとき，必ず上から44番目になっています。もしストップする数が8ならば，「10，9，8」と3枚あり，さらにあとで8枚めくるので，合計11枚めくることになります。それを4回繰り返すので，11×4＝44枚めくることになります。

119

ハノイの塔

数枚の円盤をできるだけ少ない回数で移動させるパズルゲーム。試行錯誤しながら答えを見つけていく楽しさはもちろん，枚数を変えたらどうなるかも考えさせたい。

【準備物】

ハノイの塔
児童用の大きさの異なる紙（5枚）

【あそび方】

　下図のように左端の棒に積み重ねられた異なる5枚の円盤を，右端の棒に最低何回で動かせるかを考える（ただし，小さい円の上に，それ以上大きな円を重ねることはできない）。

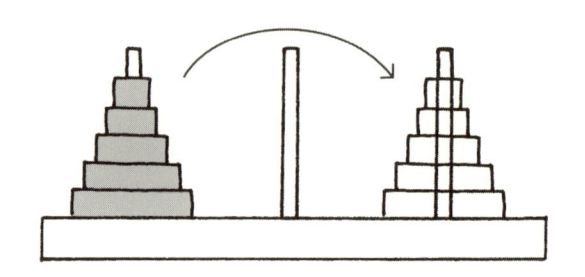

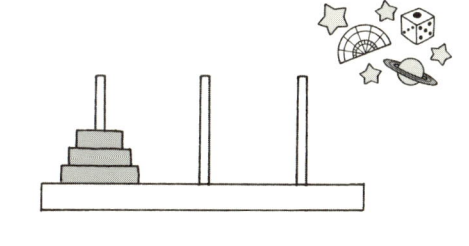

ハノイの塔という
ゲームをやってみ
ましょう

※まずは，3枚でルールを説明する。

①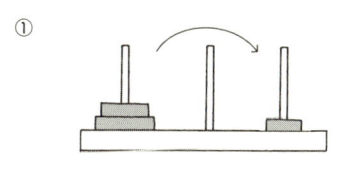

②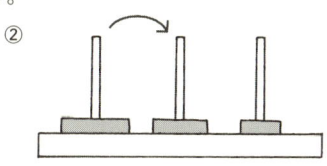

③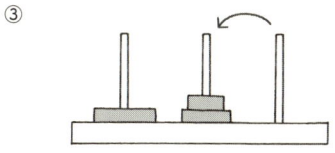

④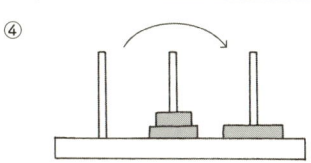

⑤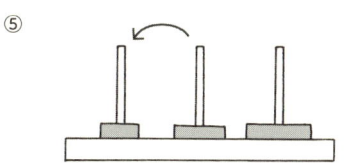

⑥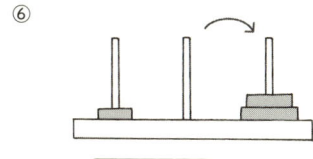

⑦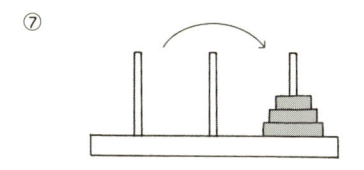

では，5枚のと
きはどうかな？

う〜ん…

【解説】

　移動できる回数を調べると，以下の通りです。

枚　数	1	2	3	4	5	6
移動回数	1	3	7	15	31	63

つまり，枚数をn枚とすると，$2^n - 1$ が移動回数となります。

58 名前を使って あるなしクイズ

田中にはあるが，鈴木にはない。山本にはあるが佐藤にはない。「ある」のグループに入っている共通のきまりを探すゲームを行う。

【準備物】
名前を書いた紙

【あそび方】
　身近な名前を挙げて「ある」と「なし」のグループに分けていき，「ある」のグループに入っている共通のきまりを当てる。早く気付いた子どもにはヒントを考えさせたり，他にどんなものがあるかを言わせたりするとおもしろい。

半分に折ってみるとわかる

ある

田中	山田
土谷	大木

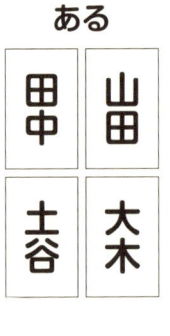

なし

佐野	加藤
松井	鈴木

ぼくの岡田は「ある」になるのかな？

これからあるなしクイズを行います
山田さんにはあるが，佐藤さんには
ない

なんだろう？
男の子と女の子かな

ある	なし
山田	佐藤

他にも，中田さん，土谷さんにはあるが，松井さん，鈴木さんにはないです
では，木田さんはどちらに入りますか。

ある		なし	
山田	中田	佐藤	鈴木
土谷	木田	松井	上原

「ある」のグループを半分に折るとわかりやすいね

わかった！
木田さんは「ある」のグループだ
真ん中に線を引くといいかも

【解説】

「ある」のグループは名前の漢字が線対称になっています。３枚ぐらい
出したところから鋭い子どもは気付き始めます。ヒントを言わせていく
ことで線対称の定義や対称の軸に迫るような発言も引き出せます。中に
はフルネームで線対称になっている子もいて大いに盛り上がります。

59 ３本飲むと１本サービス

「おまけ」をつけることで，ただのわり算の問題が活用問題となる。図や表など，いろいろな解法できまりを見つけさせると意見が活発になる。

【準備物】

特になし

【あそび方】

次の問題を皆で考える。

「あるお店では，ジュースの空き缶を３本持っていくとサービスで１本ジュースがもらえます。15本のジュースを買うと，全部で何本のジュースを飲むことができるでしょうか」

問題を提示。

3本で1本もらえるから
15÷3＝5，15＋5＝20
20本飲める

でも，さらに空き缶がで
きるからもっと飲めるん
じゃないかしら

図に整理して考えてみま
しょう

表にまとめてみると
次のようになったわ

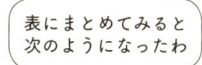

サービスで5本もらったあと
さらにその空き缶で2本飲むことができるから
全部で22本飲めるよ

買った本数（本）	1	2	3	4	5	6	7	8	9	10
飲める本数（本）	1	2	4	5	7	8	10	11	13	14
	11	12	13	14	15					
	16	17	19	20	22					

【解説】

　サービスでもらえるジュースの空き缶もサービスの対象になるという
のがこの問題のポイントです。表にまとめると，飲めるジュースの本数
にきまりがあることが見えてきます。

60 裏返したカードは？

6×6の列になるように並べた裏表の異なる（色など）カードの中から，1枚だけ裏返してもらう。見ないでも当てられるマジックに，教室が沸き返る。なぜかを考えさせてもおもしろい。

【準備物】

裏表の異なるカード（36枚・トランプでも可）

【あそび方】

①子どもをひとり指名して，カードを裏表を不規則にして5×5の列に並べてもらう。

②先生がさらに11枚を加えて，6×6の列になるように並べる。このとき縦横の列の表と裏が偶数になるように配置する。

③先生が見えないように，子どもに1枚だけを裏返してもらう。

④先生は，縦横の列で奇数になっているところを探す。

⑤④に該当するカードが裏返したカードである。

裏返したカードを当てよう

無理じゃないかしら

ルールを説明する

これからちょっ
とした手品をす
るよ
誰か，このカー
ドを 5 × 5 の列
に並べてくれる
かな？

では，今度は先生が
カードを追加して
並べるよ

はい

さて，先生は後
ろを向いている
から
誰か，1枚だけ
カードを裏返し
てくれるかな

はい

裏返したカードは
これだね

え？
どうしてわかったの？

【解説】

　なぜわかるかというと，先生が加える11枚に秘密があります。縦・横どの列も，表と裏が偶数になるように配置するのです。その後，1枚裏返すと，表も裏も奇数になっている列が，縦にも横にも1列ずつ現れます。その交わった場所が，裏返したカードになっています。

［算数あそび研究会］

岡部寛之　（早稲田実業学校初等部教諭）

加固希支男　（東京学芸大学附属小金井小学校教諭）

松瀬 仁　（聖心女子学院初等科教諭）

山本大貴　（暁星小学校教諭）

誰でもできる算数あそび60

2015（平成27）年3月2日　初版第1刷発行
2017（平成29）年6月13日　初版第6刷発行

著　者	算数あそび研究会
発行者	錦織圭之介
発行所	株式会社 東洋館出版社
	〒113-0021　東京都文京区本駒込5-16-7
	営業部　TEL 03-3823-9206／FAX 03-3823-9208
	編集部　TEL 03-3823-9207／FAX 03-3823-9209
	振　替　00180-7-96823
	URL　http://www.toyokan.co.jp
装　丁	國枝達也
イラスト	オセロ
印刷・製本	藤原印刷株式会社

ISBN978-4-491-03099-9／Printed in Japan